La Voie des Esprits
Shintoïsme : Du Soi au Sacré

Haruki Nishimura

Titre original : The Way of the Spirits – Shinto: From the Self to the Sacred
La Voie des Esprits – Shintoïsme : Du Soi au Sacré
Copyright © 2024, publié par Luiz Antonio dos Santos ME.
Ce livre est une œuvre de non-fiction qui explore la spiritualité japonaise à travers la tradition du Shintoïsme. Par une approche sensible, poétique et philosophique, l'auteur invite à redécouvrir le sacré dans le quotidien, à travers les rituels, les cycles de la nature et la sagesse ancestrale.
1ère Édition
Équipe de production
Auteur : Haruki Nishimura
Éditeur : Luiz Santos
Couverture : Studios Booklas / **Clara Miremont**
Consultant : Yves Takashi
Chercheurs : Naomi Quentel, **Julien Arada**, Mika Soraya
Mise en page : Sébastien Huron
Traduction : Elise Vaurin

Publication et identification
La Voie des Esprits – Shintoïsme : Du Soi au Sacré
Booklas, 2025
Catégories : **Spiritualité / Religion comparée**
DDC : 299.56 – CDU : 299.561

Tous droits réservés à :
Luiz Antonio dos Santos ME / Booklas
Aucune partie de ce livre ne peut être reproduite, stockée dans un système de récupération ou transmise, sous quelque forme que ce soit — électronique, mécanique, photocopie, enregistrement ou autre — sans l'autorisation écrite préalable du titulaire des droits d'auteur.

Sommaire

Index Systématique 5
Prologue 9
Chapitre 1   La Voie des Kami 13
Chapitre 2   Origine Ancestrale 20
Chapitre 3   Nature Sacrée 27
Chapitre 4   Rites de Pureté 34
Chapitre 5   Espaces Sacrés 41
Chapitre 6   Offrandes et Prières 47
Chapitre 7   Festivals Saisonniers 54
Chapitre 8   Dieux Protecteurs 61
Chapitre 9   Autel Domestique 67
Chapitre 10 Religion Quotidienne 73
Chapitre 11 Rôles du Prêtre 80
Chapitre 12 Sacerdoce Féminin 86
Chapitre 13 Danses Sacrées 93
Chapitre 14 Sons et Symboles 99
Chapitre 15 Rites de Passage 105
Chapitre 16 Le Chemin de la Famille 112
Chapitre 17 Harmonie Communautaire 118
Chapitre 18 Vertus du Cœur 124
Chapitre 19 Éducation et Caractère 130
Chapitre 20 Le Travail comme Offrande 136
Chapitre 21 Le Chemin de la Prospérité 143

Chapitre 22	Le Cercle des Saisons	150
Chapitre 23	Sanctuaires à l'Étranger	156
Chapitre 24	Conversion Silencieuse	162
Chapitre 25	Sagesse Ancestrale	168
Chapitre 26	Le Chemin Intérieur	174
Chapitre 27	La Beauté comme Chemin	180
Chapitre 28	L'Esprit de Gratitude	186
Chapitre 29	Le Chemin de l'Harmonie	192
Chapitre 30	Éternité des Kami	198
Chapitre 31	Sagesse des Cycles	204
Chapitre 32	L'Héritage Vivant	210
Épilogue		215

Index Systématique

Chapitre 1: La Voie des Kami - Présente le Shintoïsme comme une voie spirituelle sensible révélant le sacré dans le quotidien et la nature.

Chapitre 2: Origine Ancestrale - Explore les mythes fondateurs du Shintoïsme sur la création du monde et l'émergence des Kami.

Chapitre 3: Nature Sacrée - Aborde la vision shintoïste de la nature comme territoire spirituel habité par les Kami.

Chapitre 4: Rites de Pureté - Explique l'importance centrale de la pureté (kiyome) et décrit les rituels de purification comme le misogi.

Chapitre 5: Espaces Sacrés - Décrit les sanctuaires shintoïstes (jinja) comme des lieux préparés pour accueillir les Kami, détaillant leur structure.

Chapitre 6: Offrandes et Prières - Détaille les offrandes (shinsen) et les prières (norito) comme expressions de gratitude et de révérence envers les Kami.

Chapitre 7: Festivals Saisonniers - Couvre les festivals (matsuri) qui célèbrent le rythme des saisons et renforcent le lien entre la communauté et les Kami.

Chapitre 8: Dieux Protecteurs - Présente les Kami protecteurs (ujigami) et d'autres divinités associées à des aspects spécifiques de la vie.

Chapitre 9: Autel Domestique - Se concentre sur le kamidana, l'autel domestique, comme point de contact quotidien avec les Kami à la maison.

Chapitre 10: Religion Quotidienne - Illustre comment la spiritualité shintoïste imprègne les gestes et les routines de la vie de tous les jours.

Chapitre 11: Rôles du Prêtre - Décrit le rôle du prêtre shintoïste (kannushi) comme gardien des rites et de la pureté du sanctuaire.

Chapitre 12: Sacerdoce Féminin - Aborde le rôle historique et actuel des femmes dans le Shintoïsme, incluant les miko et les prêtresses ordonnées.

Chapitre 13: Danses Sacrées - Explique la signification des danses rituelles (kagura) comme communication et invocation des Kami.

Chapitre 14: Sons et Symboles - Explore l'importance des sons rituels et des symboles visuels comme le torii et le shimenawa comme langage du sacré.

Chapitre 15: Rites de Passage - Détaille les cérémonies shintoïstes (tsūka girei) qui marquent et consacrent les différentes étapes de la vie.

Chapitre 16: Le Chemin de la Famille - Présente la famille comme une cellule spirituelle, mettant en avant le culte des ancêtres et l'harmonie (wa).

Chapitre 17: Harmonie Communautaire - Explique comment le Shintoïsme favorise la cohésion sociale à travers la vénération partagée des Kami locaux (ujigami).

Chapitre 18: Vertus du Cœur - Se concentre sur les vertus intérieures comme la sincérité (makoto), la pureté et le respect comme fondements éthiques.

Chapitre 19: Éducation et Caractère - Décrit comment les principes shintoïstes influencent la formation du caractère dans l'éducation japonaise par l'exemple et la discipline partagée.

Chapitre 20: Le Travail comme Offrande - Présente la vision shintoïste du travail comme une offrande sacrée lorsqu'il est accompli avec dévouement et sincérité.

Chapitre 21: Le Chemin de la Prospérité - Explore la notion de prospérité comme conséquence de l'harmonie avec les Kami et la nature.

Chapitre 22: Le Cercle des Saisons - Aborde la vision cyclique du temps dans le Shintoïsme et la célébration spirituelle de chaque saison.

Chapitre 23: Sanctuaires à l'Étranger - Traite de la présence et de la pratique du Shintoïsme en dehors du Japon, maintenues par les communautés immigrées.

Chapitre 24: Conversion Silencieuse - Explique que l'adhésion au Shintoïsme se fait par la pratique et la révérence plutôt que par une conversion formelle.

Chapitre 25: Sagesse Ancestrale - Analyse la sagesse contenue dans les mythes shintoïstes comme des enseignements symboliques pour la vie.

Chapitre 26: Le Chemin Intérieur - Décrit l'aspect contemplatif et introspectif du Shintoïsme cultivé par la présence attentive dans la nature et le quotidien.

Chapitre 27: La Beauté comme Chemin - Explore comment la beauté, notamment celle issue du wabi-sabi, est considérée comme une voie spirituelle vers le sacré.

Chapitre 28: L'Esprit de Gratitude - Met en lumière la gratitude (kansha) comme un état de conscience central et un pont vers le divin dans le Shintoïsme.

Chapitre 29: Le Chemin de l'Harmonie - Développe le concept essentiel de wa (harmonie) comme un équilibre recherché avec la nature, la communauté et soi-même.

Chapitre 30: Éternité des Kami - Discute de la perception shintoïste de l'éternité comme une continuité cyclique et la permanence des Kami et des esprits ancestraux.

Chapitre 31: Sagesse des Cycles - Approfondit la compréhension des cycles de la vie et de la nature comme source de sagesse, enseignant l'acceptation et le renouveau.

Chapitre 32: L'Héritage Vivant - Conclut sur le Shintoïsme comme une tradition spirituelle vivante et accessible, basée sur la présence, la révérence et l'harmonie au quotidien.

Prologue

Il existe des endroits dans le monde où l'invisible n'est pas absence — il est présence. Où chaque pierre, chaque feuille et chaque souffle de vent porte une étincelle du sacré. Le Japon est l'un de ces endroits.

Dans un archipel insulaire qui vit entre tremblements de terre et silences, entre la rigueur de la discipline et la légèreté de la contemplation, s'élève une civilisation qui résiste au temps non par la force, mais par la révérence. Une nation qui a trouvé la prospérité non seulement dans les gratte-ciel ou les avancées technologiques, mais surtout dans la délicatesse d'un geste, dans la profondeur d'un rite, dans l'harmonie avec ce qui pulse invisiblement.

Les Japonais vivent plus longtemps. Sourient davantage. Tombent moins malades. Leurs jardins parlent en silence, leurs sanctuaires murmurent aux attentifs. Pourquoi ? Serait-ce seulement le reflet d'une culture fonctionnelle, d'une éthique rigoureuse, d'une esthétique raffinée ? Ou y aurait-il quelque chose de plus profond soutenant une telle harmonie ?

La réponse — comme tout ce qui est sacré — ne se trouve pas en surface. Ce livre révèle un secret ancestral. Un secret qui ne se cache pas par peur, mais se protège par sa subtilité. Car il ne s'agit pas d'un système de croyances ou d'un ensemble de règles. Il s'agit d'une manière de voir le monde. De sentir le monde. D'être au monde.

Découvrez ce qui se cache derrière la longévité japonaise. Éveillez-vous à la spiritualité qui imprègne le quotidien de millions de personnes qui, même sans se déclarer religieuses, vivent en profonde harmonie avec des forces qui transcendent la compréhension logique.

Cette sagesse millénaire qui se présente ici ne crie pas. Elle murmure. N'impose pas. Invite. Comme la rosée qui se forme sur les feuilles avant l'aube, elle exige de la présence pour être perçue. Et lorsqu'elle est perçue, elle transforme. Transforme le regard, le geste, le corps, la maison, la vie.

Chaque chapitre de ce livre est un portail. Un *torii* symbolique que vous franchissez pour accéder non pas à un autre monde, mais à une autre manière d'habiter celui-ci. Ici, le Shintoïsme vous sera présenté non comme une religion exotique, mais comme un langage spirituel universel — un appel à la reconnexion avec la nature, avec les ancêtres, avec le silence et, surtout, avec votre *magokoro* : le cœur véritable.

N'attendez pas de doctrines. Ce que vous trouverez, ce sont des révélations. Des révélations surprenantes sur la manière dont l'esprit peut habiter la matière, comment le temps peut être circulaire, comment le travail peut être offrande, et comment le beau peut être chemin.

Le Shintoïsme, tel que présenté ici, n'offre pas de promesses. Il offre des pratiques. Des pratiques simples, mais sacrées. La manière de se laver les mains, de franchir un portail, de regarder une fleur, de nettoyer le foyer, de faire silence — tout peut être rituel, tout peut être communion. Tout peut être chemin.

Il y a dans cette œuvre un appel à la sensibilité. Une invitation à ce que vous deveniez non seulement lecteur, mais dévot de l'instant présent. Pour que vous reconnaissiez, enfin, qu'il n'est pas nécessaire d'être au Japon pour vivre comme un Japonais spirituel. Il suffit de regarder autour de soi avec révérence. Il suffit de respirer avec conscience. Il suffit de reconnaître que la feuille qui tombe, le soleil qui se lève, la larme qui coule, tout est manifestation d'un divin qui habite le quotidien.

Ce livre est une offrande. Et en le lisant, vous ne recevrez pas seulement un contenu — vous entrerez en syntonie avec un champ vibratoire qui, depuis des siècles, soutient l'une des cultures les plus harmonieuses de la planète. Vous serez conduit par des mythes fondateurs, par des danses sacrées, par des rituels de pureté, par des célébrations collectives qui non seulement divertissent, mais enseignent à vivre avec âme.

Ne vous y trompez pas : ce qui est partagé ici n'est pas une curiosité ethnographique. C'est une sagesse qui touche l'âme humaine sous toutes les latitudes. En temps de crise, de vitesse et de dispersion, ce livre se présente comme un refuge. Mais plus que cela : comme un recommencement.

Permettez-vous de franchir les portails invisibles du sacré. Permettez-vous de voir avec de nouveaux yeux. Permettez-vous d'être touché par une spiritualité qui ne sépare pas le ciel de la terre, ni l'esprit du corps. Ici, tout est un. Tout est kami. Tout est opportunité de reconnexion.

À la fin de la lecture, vous ne serez plus le même. Et le monde, qui était déjà sacré, sera enfin reconnu comme tel par vous.

Luiz Santos Éditeur

Chapitre 1
La Voie des Kami

Le monde n'est pas seulement une scène faite de matière et de mouvement, mais un vaste champ où l'invisible murmure à travers les feuilles, les rivières et les brises. Le Japon ancestral, niché entre montagnes volcaniques et mers profondes, a reconnu ce murmure il y a des millénaires. De là a émergé l'une des visions spirituelles les plus singulières et éthérées de l'humanité : le Shintoïsme.

Contrairement aux grandes religions occidentales ou aux systèmes philosophiques orientaux, le Shintoïsme ne se construit pas sur des dogmes ou des doctrines impératives. Il n'impose pas une vérité unique, ni ne présente un sauveur à suivre. Au lieu de cela, il offre un chemin de perception — une voie spirituelle sensible, où le sacré se révèle dans le quotidien, dans les cycles naturels et dans la relation intime entre l'être humain et le cosmos. C'est la Voie des Kami.

"Kami" est un mot qui ne se traduit pas avec précision. Certains l'interprètent comme "dieux", d'autres comme "esprits", mais aucune de ces expressions n'atteint sa profondeur réelle. Les Kami sont des présences, des puissances, des consciences qui se manifestent dans les choses et au-delà d'elles. Une montagne peut être un kami ; un arbre ancien, une rivière qui serpente en silence entre les pierres, la force brute d'un typhon, l'éclat éphémère d'une fleur de cerisier qui tombe, tout cela peut contenir ou être un kami. Mais pas seulement la nature visible : les ancêtres vénérés, les héros du passé, les fondateurs de clans, tous peuvent accéder à cet état spirituel. Le monde, vu avec des yeux shintoïstes, est profondément animé — et il n'y a pas de séparation radicale entre le spirituel et le matériel.

Qualifier le Shintoïsme de "religion" revient parfois à réduire son spectre. Il est plus juste de le comprendre comme une manière d'être au monde, une forme de relation entre l'être et l'invisible, entre l'humain et l'environnement. Il n'y a pas d'écritures révélées par des dieux uniques et tout-puissants, ni de figure centrale à qui l'on doit une adoration exclusive. Il n'y a pas non plus de promesses de salut éternel ou de châtiments infernaux. Il y a, plutôt, une invitation à l'harmonie — *wa* — et à la pureté — *kiyome*. La vie est vécue dans sa plénitude, et le sacré est une continuité du quotidien, non sa négation ou sa transcendance.

La Voie des Kami commence par l'attention. Observer une pierre, non comme un objet, mais comme une présence. Sentir le vent et percevoir son âme. Écouter la pluie, non comme un son fortuit, mais comme un murmure qui touche l'esprit. Cette perception, qui se développe avec le temps et le soin, ouvre l'âme au monde des kami. Ils ne crient pas. Ils ne s'imposent pas. Ils sont comme des échos qui répondent à la révérence sincère. Le monde, en ce sens, devient non seulement un lieu où vivre, mais un sanctuaire en soi.

Ce chemin n'exige pas une foi aveugle. Il exige de la sensibilité. Il exige une intégrité intérieure, connue sous le nom de *magokoro* — le "cœur véritable", qui s'exprime dans des actions simples et sincères. La révérence envers un kami peut se faire avec une branche de *sakaki* levée avec respect, une prière silencieuse sous une cascade, ou même avec la posture soignée en nettoyant l'entrée de la maison. Tout est expression. Tout est offrande. Et, par conséquent, tout peut être sacré.

Le Shintoïsme a fleuri dans un archipel où les forces naturelles sont immenses et indomptables. Les tremblements de terre, typhons, tsunamis et éruptions ont façonné non seulement la géographie, mais aussi l'esprit du peuple. Face à cette nature grandiose et imprévisible, l'être humain ne s'impose pas. Il observe, vénère et apprend à suivre le courant. La spiritualité des Japonais, façonnée par le Shintoïsme, reconnaît cette dépendance vis-à-vis de l'environnement et développe avec lui une relation de profonde gratitude et de respect. D'où le sens écologique qui émane de la culture traditionnelle : ce n'est pas une mode, c'est une vision du monde.

Quand on comprend qu'une rivière a un esprit, la polluer devient un sacrilège. Quand on saisit qu'une montagne est la demeure des dieux, sa dévastation est une profanation. Le Shintoïsme n'a pas eu besoin de créer des traités écologiques, car sa vision était déjà écologique par essence. La nature n'est pas constituée de "ressources" — elle est une parenté. Chaque être, chaque plante, chaque phénomène fait partie d'une grande famille cosmique, où l'humain n'occupe pas un trône, mais une place de coexistence.

Cette sensibilité, si profondément ancrée dans la culture japonaise, transcende le temps. Même aujourd'hui, au milieu des gratte-ciel, des néons et des trains à grande vitesse, la Voie des Kami demeure. Un petit autel peut être aperçu à un coin de rue animé de Tokyo. Un *torii* solitaire se dresse entre les immeubles, marquant le passage vers un sanctuaire minuscule, mais empli de présence. Les jeunes font encore des offrandes silencieuses, les personnes âgées vénèrent encore les arbres sacrés les mains jointes. Le moderne et l'archaïque s'entrelacent, non en opposition, mais en continuité.

Dans le Shintoïsme, il n'y a pas de conversion. Personne ne devient shintoïste en signant un papier ou en récitant une formule. On devient shintoïste en vivant avec révérence. En remerciant pour le repas, en se purifiant avant d'entrer dans un sanctuaire, en saluant le nouveau jour avec respect. C'est une pratique silencieuse, intime et quotidienne. Beaucoup de Japonais ne se déclarent même pas religieux, et pourtant, ils vivent le Shintoïsme dans chaque geste. Cela déroute les chercheurs occidentaux, habitués à des systèmes où l'identité religieuse est une étiquette claire. Au Japon, elle est fluide comme la brume sur les rizières à l'aube.

La Voie des Kami est aussi un chemin de pureté. Mais pas au sens moralisateur que l'Occident attribue souvent à ce mot. La pureté dans le Shintoïsme se réfère à la propreté énergétique, à la légèreté de l'être, au désencombrement de l'âme pour que les kami puissent s'approcher. L'impureté, ou *kegare,* est tout ce qui perturbe cette harmonie — tristesse profonde, mort, maladie, chaos émotionnel. C'est pourquoi il y a tant de rites de purification, de bains, d'offrandes, de prières et de silences. Le corps, l'environnement et l'esprit doivent être en accord pour que le sacré se manifeste pleinement.

Le monde est plein de kami, disent les anciens. Et en effet, il l'est. Mais il faut des yeux qui voient, des oreilles qui écoutent et un cœur qui comprend. Le Shintoïsme, contrairement à de nombreuses religions, ne désire pas convertir. Il invite. Sa voix ne crie pas, elle murmure. Et ce qu'elle dit est simple, mais transformateur : tout est sacré. Chaque feuille, chaque larme, chaque geste peut être un lien avec le divin, s'il y a sincérité et attention. Le Shintoïsme est un art de vivre — et de bien vivre, avec gratitude, respect et enchantement.

Le lecteur occidental qui s'approche de ce chemin le fait peut-être en cherchant des réponses. Mais il trouvera, avant tout, un miroir. Et il y verra non pas le visage d'un dieu exigeant l'adoration, mais le reflet d'un monde qui attend d'être vénéré. L'arbre qui pousse dans le jardin, la rivière qui coule près de la maison, le ciel à l'aube — tout est imprégné de la présence que les Japonais ont appelée kami. Et le cœur, en reconnaissant cette présence, se transforme aussi.

Le Shintoïsme nous convoque donc à un état d'attention radicale, où vivre est, essentiellement, un acte poétique. Il ne s'agit pas de chercher une logique transcendante ou une explication totalisante de l'univers, mais de cultiver une écoute constante de ce qui vibre silencieusement dans le réel. Cette écoute n'est pas seulement métaphysique, mais éthique : elle implique responsabilité, humilité et réciprocité avec tout ce qui vit et palpite. En ce sens, la Voie des Kami n'est pas seulement une voie spirituelle, mais aussi un entraînement de la sensibilité — un apprentissage continu de la manière d'habiter le monde avec délicatesse et révérence.

Contrairement aux traditions qui voient le sacré comme quelque chose de lointain ou réservé aux grands temples, ici le sacré s'insinue dans l'ordinaire, demandant seulement un regard éveillé. Cette manière d'être au monde ne nie pas la souffrance, mais l'accueille comme partie intégrante du flux. Les pertes, les absences et les impuretés ne sont pas des malédictions à éviter, mais des états à reconnaître, purifier et traverser avec courage et sérénité. Le Shintoïsme n'enseigne pas à éliminer le chaos, mais à restaurer l'harmonie chaque fois qu'elle est rompue. La vie est vue comme un champ dynamique de forces, où le rôle humain est celui d'un harmonisateur constant. Dans ce processus, le rituel n'est pas un formalisme vide, mais une pratique vitale, où le corps, le geste et l'intention tissent des ponts entre le visible et l'invisible. C'est pourquoi même les actes les plus simples — comme se laver les mains avant une prière — acquièrent une densité spirituelle et poétique.

Au final, la Voie des Kami ne pointe pas vers une destination finale, mais vers un voyage continu de syntonie avec le monde. Un voyage sans exigences de foi, mais riche en exigences de présence. Être entier à chaque instant, avec le *magokoro* pulsant dans chaque geste, est l'offrande la plus profonde que l'on puisse faire. Et quand ce cœur véritable rencontre le monde, le monde répond. Non pas avec des miracles retentissants, mais avec la grâce subtile d'une brise qui caresse, d'une lumière qui filtre à travers les feuilles, d'une paix qui jaillit sans motif apparent. Et alors nous comprenons : vivre avec les kami est, par-dessus tout, un art d'aimer le monde dans son intégralité.

Chapitre 2
Origine Ancestrale

Avant qu'il n'y ait des rois, des temples ou des noms, il y avait le vide. Non pas le vide de l'absence, mais un vide plein de potentiel, où l'invisible fermentait en silence. De ce principe ancestral, indistinct et mystérieux, émergèrent les premiers kami. Ils ne naquirent pas comme des humains, ni n'assumèrent de formes définies. Ils étaient des présences, des vibrations cosmiques, qui habitaient le plan de l'invisible et donnèrent origine à ce qui est aujourd'hui connu comme le monde.

Les origines du Shintoïsme sont entrelacées avec la mythologie japonaise enregistrée dans les textes classiques *Kojiki* ("Chroniques des Faits Anciens", compilé en 712) et *Nihon Shoki* ("Chroniques du Japon", achevé en 720). Ces œuvres ne sont pas seulement des recueils de mythes anciens — elles sont les expressions vivantes d'une vision du monde où le spirituel et le physique sont inséparables. Leurs récits n'ont pas la prétention d'être une "histoire factuelle", telle que comprise par la pensée moderne, mais révèlent une vérité plus profonde : celle de la connexion sacrée entre la terre, le peuple et les dieux.

Au commencement, lorsque le ciel et la terre n'étaient pas encore séparés, surgirent les premiers kami célestes. Ils existaient sur le plan le plus élevé de la réalité, dans une demeure connue sous le nom de *Takamagahara*, le Haut Plan Céleste. Parmi ces premiers êtres, se distinguent trois kami primordiaux : Ame-no-Minakanushi, Takamimusubi et Kamimusubi. Ils n'agirent pas, ne parlèrent pas, ils existèrent simplement — silencieux et sublimes, comme des archétypes de la création.

Avec le temps, d'autres kami apparurent, et parmi eux, enfin, les dieux créateurs de la terre : Izanagi-no-Mikoto et Izanami-no-Mikoto. Leurs figures sont centrales dans la cosmogonie shintoïste. Chargés de former le monde physique, ils reçurent des divinités célestes une lance sacrée ornée de joyaux — l'Ame-no-Nuboko. Positionnés sur le pont entre les cieux et le chaos primordial, Ame-no-Ukihashi, ils plongèrent la lance dans la mer indistincte en dessous. En la relevant, des gouttes visqueuses tombèrent de sa pointe et se solidifièrent, formant la première terre : l'île d'Onogoro-shima.

C'est là qu'Izanagi et Izanami descendirent, et là qu'ils s'unirent pour commencer la création des autres îles du Japon, dans un rituel qui fusionne érotisme sacré et fertilité divine. La danse autour du pilier central, la rencontre des regards et des paroles, l'échange des énergies masculines et féminines — tout symbolise l'union de forces opposées et complémentaires. De cette union naquirent les îles de l'archipel japonais et une vaste lignée de kami, chacun lié à des aspects naturels et sociaux : mers, rivières, montagnes, vents, arbres, feu.

Cependant, tout ne se déroula pas sans tragédie. En donnant naissance au kami du feu, Kagutsuchi, Izanami subit des brûlures fatales. Son corps fut consumé par la douleur et la mort, et elle descendit au royaume sombre de *Yomi*, le monde des morts. Izanagi, envahi par le désespoir, tenta de la secourir, mais en la trouvant en décomposition, il rompit le pacte du silence et fut chassé de ce monde par son aimée transformée en colère.

La fuite d'Izanagi de Yomi marque une rupture : la présence de la mort dans le monde, l'impureté qui contamine le vivant, et la nécessité de purification. De retour dans le monde des vivants, Izanagi accomplit un rituel de purification — le premier *misogi* — en plongeant dans une rivière pour se débarrasser des impuretés contractées dans le monde souterrain. Et c'est à ce moment que naissent les trois dieux les plus importants du panthéon shintoïste : Amaterasu-ōmikami (déesse du soleil), de son œil gauche ; Tsukuyomi (dieu de la lune), de son œil droit ; et Susanoo (dieu des tempêtes et de la mer), de son nez.

Ces trois dieux célestes héritèrent de différents aspects du cosmos et furent les protagonistes des drames qui façonneraient la relation entre le divin et l'humain. Amaterasu, la plus vénérée de toutes, brille non seulement comme soleil physique, mais comme lumière spirituelle. Elle devient l'ancêtre de la famille impériale japonaise et la source de la légitimité divine du trône. Sa demeure à Takamagahara est un symbole de l'ordre, de l'harmonie et de la clarté.

Son mythe le plus célèbre, cependant, est celui de la retraite dans la caverne. Après un conflit avec son frère Susanoo — marqué par la destruction, l'agression et le manque de respect — Amaterasu se cache dans une caverne, plongeant le monde dans l'obscurité. Le chaos s'installe, et tous les kami se réunissent pour la faire revenir. Avec des danses rituelles, des rires et des offrandes, ils parviennent à attirer son attention jusqu'à ce qu'elle regarde à l'entrée de la caverne, curieuse. À ce moment, un miroir est brandi, et en voyant son reflet, elle est enchantée et sort. La lumière revient au monde.

Ce mythe est plus qu'un conte. Il parle de l'importance de la beauté, de la célébration et de la collectivité comme moyens de restaurer l'ordre. Il montre que la lumière peut être perdue lorsque le déséquilibre règne, et que la restauration exige art, intelligence et communion.

La relation entre Amaterasu et les humains est directe. Selon la tradition, elle envoya son petit-fils, Ninigi-no-Mikoto, pour gouverner la terre. Elle lui confia trois trésors sacrés : le miroir (symbolisant la sagesse et l'introspection), l'épée (courage et action juste) et le joyau courbe (bienveillance et lien). Ces objets, connus comme les Trois Trésors Impériaux, sont encore aujourd'hui les symboles du trône japonais. L'arrière-petit-fils de Ninigi, Jimmu Tennō, serait le premier empereur du Japon, établissant la lignée impériale descendant directement de la déesse solaire.

Ce lien entre divinité et humanité est crucial. Il dissout la séparation rigide entre le sacré et le profane. Dans le Shintoïsme, l'être humain peut, par des actions vertueuses et une vie intègre, devenir un kami. Les ancêtres vénérés, les héros qui ont marqué l'histoire de leurs communautés, les fondateurs de clans — tous peuvent être élevés à la condition spirituelle. La mort n'est pas la fin, mais une transition. L'ancestralité est vivante, présente, agissante. Le culte des ancêtres n'est pas nostalgie, mais continuité de la présence spirituelle dans le monde.

La compréhension de l'origine mythique du Japon et des dieux n'est donc pas un exercice intellectuel ou littéraire. C'est une manière de vivre en accord avec la vérité du cosmos, en reconnaissant la sacralité de la terre, des liens familiaux, de l'ordre naturel. Chaque rite, chaque geste cérémoniel, fait écho aux pas d'Izanagi, aux enseignements d'Amaterasu, à l'ardeur de Susanoo. La tradition shintoïste ne se distancie pas de la mythologie — elle l'actualise à chaque offrande, à chaque festival, à chaque révérence faite avec un cœur sincère.

En regardant cette cosmogonie, nous percevons que le Shintoïsme ne cherche pas une séparation entre l'humain et le divin, mais plutôt un réseau continu de relations, où tout ce qui existe est manifestation et extension de l'énergie primordiale des kami. Il n'y a pas de hiérarchie rigide entre le ciel et la terre, mais un flux constant entre les mondes, tissé par des récits symboliques qui orientent la manière d'être, d'agir et d'appartenir. La mémoire ancestrale devient ainsi un champ de révélations qui pulse encore, enseignant que le passé n'est pas clos — il respire à travers les montagnes, les rivières et les pratiques transmises de génération en génération. Et c'est dans cet entrelacement que le Japon, plus qu'une nation, se révèle comme un paysage sacré, façonné par des mains divines et des cœurs humains en communion.

La naissance des dieux et des îles, les drames mythiques entre frères célestes et l'envoi des trésors impériaux composent une tapisserie qui ancre le présent dans l'éternité. Au lieu de dogmes, le Shintoïsme offre des mythes vivants, capables de dialoguer avec le quotidien, nourrissant l'âme et le sentiment d'appartenance. Chaque récit mythique apporte non seulement la genèse d'un peuple, mais une pédagogie subtile sur l'équilibre, le courage, la révérence et la purification. À travers ces histoires, on comprend que la création n'est pas un acte unique et achevé, mais un processus continu, qui se refait dans les rituels, l'éthique et l'esthétique du vivre. Le monde, sous cette optique, n'est pas une donnée brute à dominer, mais un don à honorer.

Ainsi, retourner à l'origine est plus que revisiter un temps mythique — c'est réactiver l'écoute de ce qui a toujours été présent : la sacralité qui imprègne le monde. Le Shintoïsme enseigne que nous sommes enfants du ciel et de la terre, héritiers de la lumière d'Amaterasu et de la clameur d'Izanagi. En reconnaissant cet héritage, l'être humain se réintègre à l'ordre cosmique non comme dominateur, mais comme gardien et célébrant. L'origine ancestrale, loin d'être un point distant, est une présence qui soutient le maintenant. Et c'est dans cette reconnaissance que le chemin spirituel se renforce, permettant à chaque geste, aussi simple soit-il, de devenir un écho de la création primordiale.

Chapitre 3
Nature Sacrée

La brise qui traverse une forêt ancienne, le silence d'un lac au crépuscule, le son lointain des cigales lors d'un été japonais — tout cela n'est pas seulement un phénomène naturel. Pour celui qui marche sur la Voie des Kami, ce sont des manifestations directes du sacré. La nature, dans toute sa variété et son rythme, n'est pas un objet de contemplation purement esthétique ou scientifique. Elle est, par-dessus tout, un territoire spirituel. Dans le Shintoïsme, la nature ne symbolise pas le divin — elle le contient.

Cette perception n'est pas philosophique ou théorique, mais profondément viscérale. Vivre selon le Shintoïsme, c'est vivre immergé dans un monde où chaque pierre et chaque feuille portent un esprit. Le concept qui imprègne cette vision s'appelle *shinrabanshō* — un mot qui, de manière large, désigne la totalité des choses de l'univers. En son cœur se trouve l'idée que tout ce qui existe possède un esprit, une force vitale, une conscience. Rien n'est véritablement inerte. Une rivière qui traverse des vallées n'est pas seulement de l'eau en mouvement : elle possède une âme, une mémoire, une volonté. Une montagne n'est pas une simple formation géologique : c'est une entité sacrée, demeure d'anciens kami. Un pin tortueux qui résiste à la neige n'est pas seulement un végétal résilient, mais un maître silencieux d'équilibre et de beauté.

Cette spiritualité profondément écologique n'est pas doctrinale. Elle est vécue. Dès l'enfance, le Japonais traditionnel apprend à regarder avec respect ce qui pousse, court, vole, bouge ou se transforme dans le paysage. Les gestes quotidiens reflètent cette révérence : la manière de nettoyer un jardin, de franchir un *torii* avec la posture correcte, d'écouter le son de la pluie en silence. Tout porte une intention. Et cette intention est ce qui connecte l'être humain au monde invisible des kami.

Parmi les innombrables lieux considérés comme sacrés, certains se distinguent comme de véritables centres de pouvoir spirituel. Des montagnes comme Fujisan, le vénéré Mont Fuji, ne sont pas seulement des repères géographiques, mais des points d'intersection entre les mondes. L'altitude, la forme symétrique, la présence imposante — tout en elle invite à la révérence. De nombreux pèlerins, en escaladant le Mont Fuji, ne le font pas par sport ou défi physique, mais comme un rituel de connexion. L'ascension est une montée intérieure, une retrouvaille avec le cœur de la terre et du ciel.

Des rivières comme le Kamo, à Kyoto, portent des siècles d'offrandes, de prières silencieuses, de bains rituels. Des arbres centenaires, comme les grands cèdres trouvés dans des sanctuaires tels que Toshogu ou Kumano, sont entourés de cordes de paille de riz, appelées *shimenawa* — signe visible qu'un kami y habite. De tels arbres ne sont pas touchés sans permission. Leurs racines sont respectées, leur espace est maintenu propre, et leur présence est accueillie avec solennité.

Les animaux participent également à ce réseau de significations. Le renard (*kitsune*) est le messager d'Inari, kami de la fertilité et de la récolte. Les cerfs, comme ceux qui errent librement dans le sanctuaire de Nara, sont considérés comme des émissaires des dieux. Grues, carpes, serpents, tous possèdent des significations spirituelles qui transcendent leur apparence. Le respect envers les animaux n'est pas seulement moral — il est rituel. Ils font partie de la communauté spirituelle du monde.

Mais ce ne sont pas seulement les grands éléments de la nature qui sont vénérés. Le Shintoïsme enseigne à voir l'extraordinaire dans l'ordinaire. Une bambouseraie qui danse au vent, la mousse qui pousse silencieusement entre les pierres, la fleur qui éclot pour quelques jours — tout a de la valeur, tout exprime une leçon. Cette sensibilité esthétique et spirituelle se révèle dans la tradition du *hanami*, la contemplation des fleurs de cerisier. Lorsque les *sakura* s'épanouissent, il y a un appel collectif à la contemplation de la beauté éphémère. Les familles se réunissent sous les arbres, célèbrent, chantent, trinquent, mais toujours avec une note de révérence. La fleur qui dure si peu enseigne sur l'impermanence, sur la valeur de l'instant présent, sur la beauté qui ne se retient pas.

Ce lien avec la nature façonne même le langage. Des termes comme *mono no aware* — la douce mélancolie qui naît de la conscience de la fugacité — révèlent une âme qui s'émeut face à ce qui ne dure pas. Le monde naturel, parce qu'il est instable et périssable, est aussi précieux. Et pour cela même, profondément sacré.

Dans de nombreux sanctuaires, il n'y a pas de statues. À la place, il y a une pierre, un miroir, ou simplement l'espace vide entouré d'arbres. Ce n'est pas une absence. C'est une présence raffinée. Le kami n'a pas besoin de forme pour exister. Il se manifeste dans le son de la cloche, dans l'arôme de l'encens, dans l'éclat de l'eau courante. L'absence d'image est une manière de dire : regardez plus profondément. Voyez au-delà de la surface. Sentez.

La contemplation de la nature, dans le Shintoïsme, est plus qu'une habitude saine. C'est une forme de prière. Nul besoin de mots, de suppliques. Le simple fait d'être face à la mer, d'écouter les oiseaux à l'aube, de toucher l'écorce rugueuse d'un arbre millénaire — tout cela est expression de religiosité. Et cette spiritualité est accessible. Elle n'exige pas de temples monumentaux, ni de formation sacerdotale. Il suffit d'un cœur attentif. Il suffit de la présence.

Cette vision a également façonné l'architecture, les jardins, les arts. Un jardin japonais traditionnel ne cherche pas à dominer la nature, mais à dialoguer avec elle. Les pierres sont placées avec précision non pour exhiber, mais pour révéler l'esprit du lieu. Les étangs artificiels sont créés avec une telle harmonie qu'ils semblent naturels. Chaque arbre est taillé pour s'épanouir dans sa forme la plus authentique. Rien n'est artificiel — tout cherche la vérité de la nature.

L'écologie moderne, dans sa quête pour restaurer la connexion avec la terre, trouve dans le Shintoïsme un modèle ancestral. Le respect de l'eau, de la terre, de l'air, du feu — éléments non comme ressources, mais comme partenaires — résonne avec force à une époque de crise environnementale. Le Shintoïsme n'a jamais eu besoin de proclamer un discours écologique car son essence était déjà écologie : une éthique de l'interdépendance, du soin et de la révérence.

Dans ce contexte, le pratiquant de la Voie des Kami ne se voit pas comme le dominateur du monde, mais comme une partie de celui-ci. Sa vie est une danse entre le visible et l'invisible, entre le geste quotidien et le sacré profond. Planter, récolter, nettoyer, préparer un repas — tout cela peut être rituel, si fait avec conscience. Le monde n'est pas mort, ni là pour être exploité. Il est foyer, il est temple, il est extension du propre corps spirituel.

En reconnaissant la nature comme espace sacré et non comme ressource utilitaire, le Shintoïsme invite l'être humain à repenser sa présence dans le monde. La spiritualité qui émerge du contact avec la mousse, avec la brise, avec l'éclat de la lune, n'est pas construite par des règles rigides, mais jaillit d'une écoute sensible et d'un abandon silencieux. Cette forme de religiosité est intime, mais collective ; personnelle, mais universelle. C'est dans le soin de l'environnement — en ne piétinant pas les fleurs sauvages, en nettoyant une pierre couverte de rosée, en ramassant les feuilles tombées avec légèreté

— que se révèle le lien entre le visible et l'invisible, entre le corps et l'esprit.

Ainsi, le monde naturel devient aussi un miroir intérieur, où chaque être vivant reflète des possibilités de notre propre mode d'existence. Cette spiritualité écologique, qui naît de la rencontre entre présence et paysage, n'annule pas les contradictions ou les douleurs de l'existence. Au contraire : elle enseigne à les accueillir avec sérénité. La montagne qui abrite le kami peut aussi être glissement de terrain et tempête. La mer qui berce la contemplation peut devenir tourmente. Mais même ce qui blesse ne cesse pas d'être sacré. Dans le Shintoïsme, on ne sépare pas le beau du dangereux, le doux du puissant — tout est manifestation de la force qui imprègne l'univers. C'est dans cette reconnaissance de la totalité que surgit une éthique de l'humilité, où l'être humain abandonne l'arrogance du contrôle et retourne au rôle de gardien, d'apprenti, d'hôte d'un monde vivant.

Chaque saison de l'année, chaque cycle de la nature, enseigne alors sur l'équilibre, l'impermanence et la renaissance. Faire partie de la Voie des Kami, c'est accepter l'invitation de la nature à danser au rythme du cosmos. C'est permettre que le quotidien soit traversé par des moments de silence et d'attention, où l'esprit peut respirer avec le monde. La spiritualité qui se révèle en écoutant l'eau courante ou en contemplant la chute douce d'une feuille n'exige pas d'effort — seulement de la présence. Dans cet état, le monde révèle sa face la plus profonde, et l'être humain retrouve sa place non pas au sommet, mais au centre d'un grand réseau de relations sacrées. Ainsi, vivre devient art, et la nature, au lieu de paysage, devient prière.

Chapitre 4
Rites de Pureté

L'âme du Shintoïsme repose sur un principe silencieux, mais inflexible : la pureté. Il n'y a pas de pratique, de rituel ou de connexion véritable avec les kami qui puisse s'en passer. Dans le monde shintoïste, le sacré ne s'approche pas de ce qui est en désordre, de ce qui est trouble, sale ou déséquilibré. L'approche du divin n'est possible que lorsque l'on nettoie ce qui est obscurci. Et ce nettoyage ne se limite pas au physique. Il s'étend à l'énergie, à l'esprit, à l'âme. Ce que l'on recherche, c'est un état de clarté, de légèreté, de réceptivité. Être pur, c'est être accordé à la vibration des dieux.

Mais il faut comprendre ce que le Shintoïsme appelle impureté — *kegare* — pour saisir la valeur de la pureté — *kiyome*. Contrairement aux conceptions religieuses occidentales, où le mal moral est fréquemment associé au péché, à l'erreur volontaire ou à la violation de commandements, dans le Shintoïsme, l'impureté ne porte pas nécessairement de culpabilité ou de condamnation. Elle peut être une conséquence naturelle de la vie. La naissance, la mort, le sang, la maladie, le deuil — tous ces états génèrent du *kegare*.

Non pas parce qu'ils sont mauvais, mais parce qu'ils rompent l'équilibre subtil entre le monde visible et l'invisible.

L'impureté est comme une brume qui s'accumule et éloigne les kami. Ils ne haïssent pas l'impur. Ils se retirent simplement devant lui. C'est pourquoi la vie spirituelle exige une rénovation constante. La pureté est un processus, non un état fixe. Elle s'atteint et se perd, et doit être restaurée avec constance, tout comme on lave le corps chaque jour. La saleté spirituelle est inévitable, mais elle est aussi facilement lavée, s'il y a intention et discipline.

Parmi les pratiques les plus emblématiques du Shintoïsme se trouve le *misogi*, le rite de purification par l'eau. Son symbolisme est ancestral : l'eau, par sa fluidité et sa capacité d'écoulement, emporte les impuretés du corps et de l'âme. Le pratiquant se baigne dans des rivières, des cascades ou même avec des seaux d'eau froide, dans un geste qui est à la fois physique et spirituel. Le corps se raidit avec le froid, le cœur se concentre, l'esprit se tait. Il n'y a pas de place pour les distractions. Chaque goutte qui s'écoule est une offrande à l'harmonie que l'on souhaite restaurer.

Le *misogi* n'exige pas de grandes cérémonies. Il peut être fait seul, en silence, avec respect. Certains groupes réalisent des rituels plus intenses, avec des chants, une respiration rythmée, des claquements de mains cadencés qui éveillent l'esprit et préparent le corps à l'immersion. L'expérience est toujours profonde. La douleur du froid cède la place à une clarté inhabituelle. L'esprit s'éveille. L'âme s'ouvre.

Un autre rite essentiel est le *harae*, réalisé par des prêtres à l'aide d'objets symboliques, comme l'*ōnusa* (un bâton avec des bandes de papier blanc, appelées *shide*, pendantes à ses extrémités). Le prêtre agite le bâton au-dessus d'une personne, d'un objet ou d'un lieu, dissipant l'impureté accumulée. Ce mouvement est accompagné de paroles sacrées — *norito* — qui invoquent les kami de la purification et demandent que l'harmonie soit restaurée. Le *harae* peut être pratiqué dans les maisons, les voitures, les nouvelles constructions, sur les outils de travail. Tout ce qui entre en contact avec la vie peut, et doit, être purifié.

Lors des grandes cérémonies, comme les festivals saisonniers ou les rites de passage, le *harae* est une partie indispensable de la préparation. Il précède les gestes sacrés, garantissant que l'environnement spirituel soit propre et prêt à recevoir les divinités. Le sanctuaire doit être propre, les prêtres doivent être propres, les participants aussi. Il ne s'agit pas seulement d'hygiène physique — il s'agit d'une fréquence énergétique qui doit être maintenue élevée, douce, transparente.

Mais il y a aussi une pureté plus subtile : la pureté de l'attitude, de l'esprit, de l'intention. Vivre avec *kokoro tadashiku* — un cœur correct — est une forme de maintenir l'âme pure. Éviter les ressentiments, agir avec honnêteté, respecter autrui, remercier pour les bénédictions reçues — tout cela constitue des formes de purification continue. La colère, l'envie, l'arrogance, même si elles ne se manifestent pas par des actes, obscurcissent l'esprit. Le chemin du Shintoïsme exige une vigilance intérieure. Non pour générer de la culpabilité, mais pour maintenir la proximité des kami.

L'environnement est aussi un reflet de la pureté intérieure. Un espace propre, organisé, beau — même simple — est plus qu'un reflet esthétique. C'est une invitation au sacré. C'est pourquoi nettoyer la maison est aussi un acte religieux. On balaie le sol comme on balaie l'âme. On range une pièce comme on prépare un autel. La spiritualité ne se vit pas seulement dans le temple, mais dans chaque geste accompli avec conscience.

Dans les sanctuaires, le soin apporté à la propreté est visible et constant. Les pierres des chemins sont lavées, les feuilles mortes sont ramassées, le bois est poli, les objets sont remplacés régulièrement. On ne laisse pas s'accumuler la poussière du temps. Ce que l'on recherche, c'est la fraîcheur de l'instant présent. Les kami n'habitent pas le vieux et le poussiéreux — ils se meuvent là où il y a vitalité et renouveau.

Même dans l'habillement, le Shintoïsme cultive la pureté. Les prêtres portent des vêtements blancs, symbole de propreté et de lumière. Le blanc n'est pas couleur d'absence, mais de plénitude. C'est le miroir qui reflète toutes les nuances, le tissu qui ne cache pas, l'espace ouvert à la présence divine. Se vêtir de blanc lors d'un rituel, c'est se vêtir de ciel.

L'alimentation, bien que non codifiée par des interdictions strictes, comporte également des implications spirituelles. Manger avec attention, remercier avant et après le repas, éviter les excès, respecter la nourriture comme une offrande de la nature — tout cela maintient le corps léger et l'esprit attentif.

La nourriture est énergie. Ce qui entre dans le corps devient une partie de l'âme. Et c'est pourquoi il faut manger comme si l'on accomplissait un rite.

Lors des rites de passage, comme les cérémonies de naissance, de mariage ou d'entrée dans l'âge adulte, la purification est la première étape. On ne franchit pas un seuil sans avoir d'abord lavé les résidus du cycle précédent. La nouvelle étape exige une nouvelle énergie. Le bébé est purifié pour entrer dans ce monde avec bénédiction. Le couple est purifié pour unir leurs âmes en harmonie. Le jeune est purifié pour marcher en tant qu'adulte. La vie, dans le Shintoïsme, est faite de cycles, et chaque cycle est redémarré par le nettoyage du précédent.

La pureté n'est pas un but. C'est un processus constant. Une pratique quotidienne. Un mode de vie. Et dans ce vivre, le dévot s'approche des kami non pas parce qu'il désire des faveurs ou des récompenses, mais parce qu'il souhaite vivre en accord avec l'ordre invisible du monde. Le Shintoïsme ne crée pas un tribunal moral — il crée un champ vibratoire. Et dans ce champ, seul ce qui est clair, léger et sincère résonne.

La pratique de la pureté n'exige pas l'isolement. Au contraire, elle se renforce dans la convivialité. L'harmonie avec les autres, le respect mutuel, le soin de l'espace commun — tout cela constitue des moyens de maintenir l'atmosphère propre. La pureté n'est pas une introspection égoïste — c'est une ouverture à l'autre, à l'environnement, au sacré.

C'est pourquoi, lorsque quelqu'un s'approche d'un sanctuaire, il ne le fait pas comme s'il entrait dans n'importe quel bâtiment. Il passe d'abord par le *temizuya*, la fontaine d'eau où l'on se lave les mains et se rince la bouche. C'est un geste simple, mais profondément symbolique. Les mains, qui touchent le monde, doivent être propres. La bouche, qui prononce des mots, doit être fraîche. Le corps et l'esprit doivent être en harmonie avec le lieu sacré. Ce n'est qu'alors que le dévot franchit le *torii* et marche en direction du *honden*, le cœur du sanctuaire.

La traversée du *torii*, après la purification, n'est pas seulement un déplacement physique — c'est un changement d'état. En franchissant ce portail, le dévot entre dans une dimension où le temps ralentit, l'attention s'aiguise et le cœur s'apaise. Chaque pas vers le *honden* est un geste d'écoute, de révérence silencieuse. Nul besoin de longs discours ni de promesses. Ce qui est offert, c'est la présence propre, le corps préparé, l'esprit disposé à sentir. La marche devient prière, et le silence entre les gestes acquiert une densité spirituelle. La pureté, à ce moment, n'est pas seulement préparation — c'est communion.

Le Shintoïsme enseigne que cette communion ne s'épuise pas aux limites du sanctuaire. En rentrant chez lui, le pratiquant emporte avec lui la vibration de l'espace sacré, comme s'il portait une brise dans le tissu de ses vêtements ou un parfum léger dans ses cheveux. Le foyer peut être la continuation du sanctuaire, la rue peut être l'extension du chemin sacré. Si le monde est habité par les kami, alors tout peut être lieu de purification. Un simple bain à la fin de la journée, un nettoyage fait avec calme, une conversation où l'on évite la rancœur — tout cela constitue des actes qui restaurent la clarté intérieure.

Vivre avec pureté, c'est vivre de manière éveillée, avec des yeux qui reconnaissent la délicatesse de l'instant. La pureté, par conséquent, n'est pas un idéal inaccessible, ni une exigence rigide. C'est une écoute continue de ce qui vibre en nous et autour de nous. Une attention qui ne juge pas, mais perçoit. Une pratique qui n'exclut pas, mais accueille. Sur la Voie des Kami, être pur n'est pas être parfait — c'est être disposé à recommencer, à laver les rancœurs, à souffler la poussière des jours. Et c'est dans ce mouvement délicat de restauration quotidienne que l'esprit se maintient vivant, et que la présence des dieux se fait proche. La pureté est le pont entre l'humain et l'invisible — et tant qu'il y aura quelqu'un pour la cultiver, le monde restera sacré.

Chapitre 5
Espaces Sacrés

Il y a des lieux où le temps ralentit. Où le son des pas semble plus net, où le vent souffle avec une signification qui transcende le physique, et où le cœur s'apaise avant même de comprendre pourquoi. De tels lieux n'apparaissent pas par hasard. Ils sont préparés, gardés, honorés. Ce sont les sanctuaires shintoïstes — connus sous le nom de *jinja* —, des espaces où le visible s'incline devant l'invisible et où la présence des kami se révèle à travers la forme, l'harmonie et le silence.

Chaque *jinja* est plus qu'une construction. C'est un champ spirituel façonné avec exactitude pour accueillir les divinités. Sa structure, bien que physique, est la matérialisation d'une atmosphère invisible qui existait déjà avant le bois, la pierre, le métal. Le sanctuaire naît d'abord dans l'esprit, puis dans la matière. Et c'est pourquoi le choix du lieu n'est pas aléatoire. De nombreux sanctuaires ont été érigés au pied de montagnes sacrées, dans des clairières de forêts anciennes, au bord de rivières qui chantent avec une force ancestrale. Le lieu est reconnu avant d'être délimité. La nature murmure sa sacralité, et l'être humain écoute simplement et marque.

L'entrée d'un sanctuaire est marquée par un élément incontournable : le *torii*. Cette structure simple, composée de deux piliers verticaux et de deux traverses horizontales, n'est pas un portail au sens fonctionnel. Elle ne protège pas avec des murs, n'empêche pas le passage physique. Le *torii* est un repère symbolique. Il sépare le monde quotidien de l'espace sacré. Le franchir est un geste de transition — du profane au sacré, du bruit au silence, de la dispersion à la présence. Et c'est pourquoi on ne franchit pas le *torii* n'importe comment. On marche sur le côté, en évitant le centre, qui appartient aux dieux. On incline légèrement la tête. On ressent le changement.

Après le *torii*, le visiteur se trouve, presque toujours, face au *temizuya*, la fontaine de purification. Des louches en bambou ou en bois y reposent, disposées avec soin. Avec elles, le dévot se lave les mains — d'abord la gauche, puis la droite — et, enfin, se rince la bouche. Il ne s'agit pas d'un rituel hygiénique, mais d'un acte symbolique profond. Le corps est préparé pour la rencontre. Les mains, qui accomplissent des actions ; la bouche, qui prononce des mots. Tout doit être propre, calme, frais. L'eau coule et, avec elle, emporte la distraction, le poids, l'inquiétude.

Le chemin jusqu'au bâtiment principal du sanctuaire — le *honden* — est toujours marqué par une atmosphère de sobriété et de respect. Souvent bordé de lanternes de pierre, d'arbres anciens, de petits autels secondaires dédiés à d'autres kami. Rien n'est excessif. La beauté est contenue, subtile, fluide. Et c'est précisément dans cette absence d'ostentation que réside sa grandeur. Le sanctuaire n'a pas besoin d'impressionner. Il a besoin d'accueillir.

En s'approchant du *honden*, le dévot trouve le *haiden*, le bâtiment des prières. C'est là que l'on fait la révérence, que l'on frappe dans ses mains, que l'on incline la tête, que l'on offre la prière silencieuse. On n'entre pas dans le *honden* — il est réservé aux prêtres, aux rites internes, à la demeure du kami. Le dévot reste à l'entrée, comme quelqu'un qui reconnaît sa place avec humilité et respect. La proximité avec le sacré n'exige pas une pénétration totale, mais une syntonie. Et cette syntonie se manifeste dans le geste, la posture, le cœur sincère.

Le *honden*, même inaccessible au regard direct, renferme en son intérieur l'objet sacré qui représente le kami : ce peut être un miroir, une épée, une pierre, ou même rien de visible. Ce qui importe n'est pas l'objet, mais la présence qu'il invoque. Le miroir, en particulier, est fréquent. Non par hasard. Il reflète sans juger, sans déformer. Regarder un miroir, c'est se regarder soi-même — et percevoir que le sacré commence dans sa propre âme.

L'architecture du sanctuaire shintoïste suit des styles traditionnels qui remontent aux premiers temps. Des styles comme le *shinmei-zukuri*, le *nagare-zukuri* et le *taisha-zukuri* définissent des formes et des proportions qui harmonisent la construction avec l'environnement. L'utilisation du bois naturel, des toits courbes couverts d'écorce de cyprès, des assemblages précis sans clous — tout reflète une intégration avec la nature, un refus de l'artificialité. Le temple ne s'impose pas à l'environnement — il s'y insère. Et cette harmonie constructive est l'extension de l'harmonie spirituelle.

L'environnement du sanctuaire est entretenu avec zèle. Les chemins sont balayés régulièrement. Les feuilles sont ramassées, mais jamais de manière agressive. Les arbres sont soignés, non taillés de façon arbitraire. Les pierres sont lavées. La mousse, souvent, est préservée. Chaque détail porte la présence des kami. Rien n'est simple décor. Tout fait partie de l'esprit du lieu. Même les sons — le tintement des cloches, l'écho des paumes frappées, le murmure de l'eau — sont considérés comme des voix du sacré.

En plus d'être des lieux de culte individuel, les sanctuaires remplissent également une fonction sociale essentielle. Ils sont le cœur spirituel des communautés. Festivals, mariages, célébrations saisonnières, bénédictions d'enfants, inaugurations — tout passe par le *jinja*. C'est là que le peuple se réunit, que l'identité locale se renforce, que le lien entre le passé et le présent est réactivé. Le kami protecteur du village, de la ville, du quartier — l'*ujigami* — y est honoré, et sa présence garantit protection, fertilité, paix.

Les enfants, dès leur plus jeune âge, sont emmenés au sanctuaire. À la naissance, lors du passage des trois, cinq et sept ans (*Shichi-Go-San*), lors des premiers jours du nouvel an. Ils apprennent, non par imposition, mais par immersion. Le sanctuaire fait partie de la vie. Les jeunes, les anciens, les jeunes mariés — tous entretiennent avec le *jinja* une relation vivante, affective. Ce n'est pas un temple distant, mais un centre d'énergie spirituelle de la collectivité.

Visiter un sanctuaire n'est pas du tourisme. C'est un geste spirituel. Même si le visiteur est étranger, même s'il ne connaît pas les rites en détail, s'il y a du respect, le kami le perçoit. L'important est l'intention. Franchir le *torii* avec révérence. Se purifier avec sincérité. Faire la prière avec le cœur présent. Il n'est pas nécessaire de tout comprendre — il faut sentir. Et cette sensibilité est ce qui ouvre le chemin à la présence divine.

Ces espaces sacrés, par conséquent, ne s'imposent pas par la grandeur, mais touchent l'intime par la délicatesse avec laquelle ils accueillent l'invisible. C'est dans la simplicité du bois vieilli, dans la géométrie silencieuse des lignes, dans la fraîcheur de l'ombre sous les arbres que se révèle la véritable dimension du sacré. Le *jinja* ne prétend pas être un palais pour des dieux lointains, mais un foyer de passage, où la divinité et l'humain se croisent dans un instant d'harmonie.

Tout y invite à la quiétude — une quiétude qui n'est pas absence, mais présence élargie. Chaque détail est une invitation à l'écoute : du son de ses propres pas, du bruissement des feuilles, de ce que le cœur, ralenti, peut enfin entendre. Cette écoute s'approfondit encore davantage pendant les *matsuri*, les festivals shintoïstes, lorsque le sanctuaire pulse comme le cœur de la communauté. Lors de ces célébrations, les kami quittent symboliquement le *honden* et sont conduits en processions, dans des *mikoshi* (sanctuaires portatifs), à travers les rues de la ville. C'est la divinité qui sort à la rencontre du peuple, et le peuple qui répond par la musique, la danse, les offrandes, la joie. Il n'y a pas de contradiction entre le recueillement du silence et la clameur de la fête — les deux sont des manières légitimes d'honorer le sacré. L'espace sacré, alors, s'étend, débordant les limites du temple pour englober tout le village, toute la vie. En ces moments, le quotidien est purifié par la célébration, et la mémoire collective est ranimée comme un feu renouvelé.

Au final, le *jinja* demeure comme un lien tangible entre les mondes, un pont construit avec révérence, beauté et humilité. Il nous rappelle que le sacré n'a pas besoin d'être cherché dans les hauteurs, mais soigné sur le sol que nous foulons, dans les gestes que nous répétons avec une âme éveillée. Chaque visite à un sanctuaire est un retour à ce lieu où le temps se plie, où la présence est plus dense, où même l'air semble prier. Et lorsque l'on franchit à nouveau le *torii* de sortie, quelque chose a changé. Le monde extérieur est le même — mais celui qui l'habite porte désormais un peu plus de silence dans sa poitrine et de lumière dans ses yeux.

Chapitre 6
Offrandes et Prières

L'univers écoute. Même en silence, chaque vibration émise par un cœur sincère atteint les kami. Dans le Shintoïsme, il n'y a pas d'intermédiaires nécessaires entre l'être humain et le sacré. Il y a, certes, des rites, des formes, des gestes — mais aucun d'eux n'a de valeur sans ce qui est au centre de tout : la pureté du sentiment, l'intention véritable, le *magokoro*. Offrandes et prières ne sont pas des monnaies d'échange. Ce sont des expressions de gratitude, de reconnaissance, de révérence. Ce sont des manières de dire : « Je suis ici. Je vois. J'honore. »

Les offrandes, ou *shinsen*, sont diverses. Elles peuvent être du riz blanc, représentant la subsistance essentielle donnée par la terre. Elles peuvent être du sel, symbole de purification et d'énergie vitale. De l'eau fraîche, pour sa fluidité et sa force purificatrice. Du saké, comme célébration de la vie. Des branches de *sakaki*, l'arbre sacré dont les feuilles fermes et vertes ne tombent jamais. Mais par-dessus tout, les paroles sincères — la prière faite avec le cœur — sont l'offrande la plus précieuse.

L'acte d'offrir ne suit pas un modèle rigide. Il existe une structure traditionnelle, mais à l'intérieur de celle-ci vit une liberté qui permet l'expression authentique de chaque pratiquant. Le geste de déposer une poignée de riz, d'allumer une bougie, de verser quelques gouttes de saké, de plier un papier avec soin et de le déposer avec respect — tout cela est rituel. Tout cela est communication. Et c'est ainsi que se construit le lien entre l'humain et le kami.

Lorsqu'un dévot s'approche d'un sanctuaire, il porte avec lui non seulement des désirs ou des espoirs. Il apporte aussi son histoire, ses sentiments, ses liens. Le sanctuaire accueille tout. L'espace est préparé pour cela. En arrivant devant le *haiden*, le bâtiment de prière, le fidèle accomplit un geste ancestral : il jette une petite somme d'argent dans la boîte à offrandes, fait tinter la clochette — s'il y en a une —, fait une profonde révérence, frappe deux fois dans ses mains, joint les mains et reste en silence. Ensuite, il s'incline à nouveau. Ce geste est connu et respecté dans tout le Japon. Il n'est pas nécessaire de l'expliquer — il est compris par le cœur.

Les deux claquements de mains sont plus qu'un applaudissement. Ils éveillent le kami, harmonisent les mondes, alignent la présence de l'humain avec la vibration divine. C'est une frappe qui brise la dispersion, qui concentre l'esprit. Les paumes résonnent comme le son de l'âme appelant l'invisible. La révérence initiale et la révérence finale délimitent le moment sacré.

La prière, faite en silence, peut contenir des demandes, des remerciements, des promesses. Elle peut être longue ou brève. Mais elle doit toujours naître d'un état intérieur authentique. Il n'y a pas de formules obligatoires. La prière la plus puissante dans le Shintoïsme est celle qui coule naturellement, sans besoin de mots.

Néanmoins, il existe des prières formelles — les *norito* — récitées lors d'occasions spéciales par les prêtres. Les *norito* sont des textes archaïques, écrits en japonais classique, qui vénèrent les kami, narrent les mérites des dévots, demandent des bénédictions et expriment la gratitude. Ils sont psalmodiés avec rythme, intonation et solennité. Chaque syllabe est prononcée avec respect. Le *norito* n'est pas récité — il est offert. Et dans cette offrande, il porte l'âme de la cérémonie. Les *norito*, contrairement aux prières répétées mécaniquement, n'ont pas pour but de contrôler. Ils ne cherchent pas à plier le divin à la volonté humaine. Ils narrent, racontent, partagent. Ce sont comme des lettres cérémonielles. Au centre d'elles se trouve toujours la reconnaissance : de la place de l'humain, de la générosité des dieux, de la beauté du monde. Demander vient après. D'abord, on reconnaît.

Outre les mots, il y a aussi les formes symboliques d'offrande. Les *tamagushi*, branches de *sakaki* décorées de bandes de papier blanc, sont offertes lors de nombreuses cérémonies. Le geste de les offrir suit un rituel précis : la branche est tenue à deux mains, tournée lentement, élevée au niveau du visage, et déposée devant l'autel. Chaque mouvement est chargé de signification. Il n'y a pas de précipitation. Le temps du kami est différent. Et le dévot, en offrant, doit abandonner ses urgences.

Dans de nombreuses maisons, même loin des sanctuaires, il y a de petits autels domestiques — les *kamidana* — où sont également réalisées des offrandes quotidiennes. De l'eau fraîche à l'aube. Du riz fraîchement cuit. Des petites branches vertes. Des mots de remerciement. Des silences respectueux. Cette pratique quotidienne est une extension du sanctuaire. Le foyer devient aussi un espace sacré. Le quotidien, alors, est vécu avec un autre regard. Chaque repas est un cadeau. Chaque matin, une bénédiction. Le kami est là, non pas en haut, mais à côté.

Pendant les festivals ou les moments difficiles, les dévots écrivent leurs souhaits sur de petites plaques de bois appelées *ema*, décorées d'images et de symboles. Ces plaques sont accrochées à des structures près du sanctuaire. En lisant les demandes, on trouve l'essence de l'esprit humain : santé, paix, protection, succès, harmonie. Mais il y a aussi la gratitude. Beaucoup d'*ema* sont des messages de remerciement pour des souhaits exaucés, pour des guérisons, pour des retrouvailles. Les kami ne sont pas seulement des sources de pouvoir. Ce sont des compagnons invisibles qui marchent aux côtés de ceux qui vivent avec sincérité.

Au cours de l'année, il y a aussi des rituels collectifs d'offrande. De grandes tables sont dressées devant les autels avec du riz, des fruits, des poissons, des légumes, des douceurs. Tout est frais, beau, disposé avec harmonie. Il ne s'agit pas de nourrir les dieux — ils ne se nourrissent pas comme les humains. Mais plutôt d'exprimer, par l'abondance et le soin, le respect pour tout ce qui a été reçu. L'offrande est aussi restitution. Ce qui vient de la terre retourne à la terre. Ce qui est don, est partagé.

Offrandes et prières, ainsi, ne sont pas des actions isolées. Elles font partie d'une éthique sacrée. Elles enseignent à remercier avant de demander. À reconnaître avant de désirer. À s'apaiser avant d'agir. Le Shintoïsme ne se préoccupe pas du contenu spécifique de la foi, mais de la posture avec laquelle on vit. Le geste d'offrir, aussi simple soit-il, s'il est réalisé avec *magokoro*, est complet. Le geste sans sincérité, aussi élaboré soit-il, reste vide.

C'est pourquoi, dans les sanctuaires, même les prêtres s'inclinent avec humilité. Ils ne se placent pas comme supérieurs aux dévots, mais comme serviteurs des kami. Leur rôle est de veiller sur les rites, de prendre soin des espaces, de maintenir le pont ouvert. Ils récitent, préparent, nettoient, enseignent. Mais le lien avec le kami appartient à chacun. Il n'y a pas d'intercession. Il y a communion.

Devant tout cela, il devient clair que la spiritualité shintoïste n'exige pas de grandes démonstrations. Elle exige la vérité. Une bougie allumée avec attention. Une branche déposée avec respect. Un murmure reconnaissant au coucher du soleil. Tout cela est culte. Tout cela est offrande. Et quand le cœur est plein, le kami entend. Non avec des oreilles, mais avec présence. Et dans cette rencontre invisible entre l'humain et le divin, le monde entier s'harmonise.

La pratique shintoïste révèle, dans son essence, une délicate pédagogie du sacré qui éduque le regard à la beauté des petites choses. Plus que de suivre des préceptes, c'est un exercice quotidien de perception — percevoir la sacralité qui s'insinue dans la vapeur du riz fraîchement cuit, dans l'éclat de l'eau fraîche offerte, dans le silence qui précède la prière. Cette éducation intérieure transforme non seulement l'acte religieux, mais le mode même d'être au monde. L'offrande, dans ce contexte, n'est pas un rite séparé de la vie, mais la vie transfigurée en rite. C'est lorsque l'existence quotidienne s'élève à la dimension du mystère et devient un langage compréhensible par les kami.

Cette spiritualité silencieuse et attentive enseigne aussi la valeur de la présence. Au temps des kami, tout se passe lentement. Le geste a besoin de pause, la pensée a besoin de clarté, le cœur a besoin de vérité. Cette lenteur sacrée s'oppose à la précipitation du monde moderne et, dans ce contraste, offre la guérison. Chaque prière, chaque branche offerte, chaque *ema* accrochée dans les sanctuaires révèle une manière de ralentir et de retrouver son centre. En reconnaissant la sacralité dans ce qui est simple, le fidèle transforme l'espace autour de lui et, plus encore, lui-même. C'est cette reconnaissance qui fait de chaque offrande un acte de communion, non de séparation — un geste de reconnexion avec la nature, avec les autres et avec ce qui est invisible.

Au final, demeure l'image d'un monde où le sacré n'a pas besoin d'être invoqué par de grands mots, mais simplement éveillé par un geste vrai. C'est dans le quotidien respectueux, dans la simplicité du rituel vécu avec conscience, que se manifeste la rencontre avec les kami. Le Shintoïsme nous invite à cette écoute : à vivre avec un cœur qui perçoit, des mains qui remercient et un esprit qui reconnaît. Car là où il y a *magokoro*, même le silence deviendra prière, et même le plus léger souffle de vent pourra porter une offrande.

Chapitre 7
Festivals Saisonniers

Il y a des moments où le temps ne passe pas — il tourne. La roue des saisons, avec ses couleurs, ses sons et ses arômes, marque plus que des changements climatiques : elle est le rythme même de la vie. Dans le Shintoïsme, ce tournoiement n'est pas ignoré, ni affronté — il est célébré. Et chaque cycle qui s'achève est une invitation au renouveau spirituel. Les *matsuri*, les festivals saisonniers, sont l'expression vivante de cette communion avec le rythme naturel du monde et avec la présence constante des kami. Ils ne sont pas seulement des événements folkloriques ou des manifestations culturelles — ce sont des rituels sacrés qui réaffirment le lien entre le ciel, la terre et la communauté.

Les festivals naissent de la terre et du temps. Chaque saison porte une vibration propre, un esprit distinct, et les *matsuri* sont leur langage cérémoniel. L'hiver invite à l'introspection et au recueillement ; le printemps, au renouveau et à la floraison ; l'été, à la plénitude et à la vitalité ; l'automne, à la récolte et à la gratitude. Et les dieux, en tant que partie active de ces cycles, sont appelés à participer à la célébration, à bénir les champs, les familles, les foyers et les cœurs.

Le plus célébré de tous les festivals est le *Shōgatsu*, le Nouvel An japonais. Plus qu'un changement chronologique, c'est une transition énergétique. Les jours précédant le *Shōgatsu* sont consacrés à la purification des foyers, au règlement des dettes, à la réconciliation avec les parents et amis. Tout doit être renouvelé, car le kami de l'année — le Toshigami — vient visiter chaque foyer. Les portes sont ornées de *shimenawa*, cordes de paille de riz qui éloignent le *kegare*, et les portails de *kadomatsu*, arrangements de pin et de bambou qui accueillent l'esprit visiteur. La première visite de l'année à un sanctuaire — le *hatsumōde* — est un geste collectif de prière et d'espoir. Des millions de personnes se déplacent, affrontent le froid, attendent de longues heures en silence pour faire leur offrande, frapper dans leurs mains et exprimer leur gratitude. C'est un nouveau cycle qui commence, et le premier geste doit être celui de la révérence.

À la fin de l'hiver, on célèbre le *Setsubun*, le rituel de transition vers le printemps. Ce jour-là, les impuretés accumulées doivent être expulsées du foyer et de l'esprit. C'est le moment de crier : « *Oni wa soto ! Fuku wa uchi !* » — « Démons dehors ! Chance dedans ! » — tout en jetant des graines de soja grillées hors de la maison. Ce geste, apparemment simple, porte une force symbolique intense. Les "démons" représentent tout ce qui obscurcit l'âme : rancœurs, peurs, ressentiments, maladies. Les expulser est plus qu'un théâtre. C'est un acte de courage spirituel. Dans les temples et sanctuaires, prêtres et invités spéciaux accomplissent le même geste à plus grande échelle, avec des foules réunies pour partager la purification collective.

L'arrivée du printemps est marquée par des festivals de fleurs, comme le *Hanami*, où la contemplation des cerisiers en fleur devient un rite national. Les familles se réunissent sous les arbres, pique-niquent, partagent des histoires, chantent. Mais quelque chose de plus subtil se produit : sous les fleurs qui tomberont bientôt, le peuple se réconcilie avec l'éphémère. La beauté qui dure peu devient précieuse. Et ainsi, la spiritualité shintoïste — qui voit le divin dans le transitoire — se manifeste dans la joie des rencontres, dans la révérence envers la nature, dans le silence entre un rire et un autre.

L'été apporte les *matsuri* les plus vibrants. Les rues se remplissent de couleurs, de musique et de mouvement. Des lanternes sont allumées, des stands de nourriture sont érigés, et les *mikoshi* — petits sanctuaires portatifs — sont portés par des groupes d'hommes et de femmes vêtus de tenues cérémonielles. Le *mikoshi* n'est pas une simple réplique. Il porte l'esprit du kami du sanctuaire, qui sort en procession dans les rues pour visiter la communauté, bénir les maisons, renouveler les liens. Le son des tambours, les cris rythmés des porteurs, la chaleur de l'été — tout se fond en une danse cosmique. Le kami, à ce moment, n'est pas seulement sur l'autel — il marche parmi le peuple, participe à la fête, observe les visages et reçoit l'enthousiasme comme offrande.

Parmi les nombreux festivals d'été, se distingue le *Tanabata*, inspiré de la légende de deux étoiles amantes séparées par la Voie Lactée, qui ne se rencontrent qu'une fois par an. Pendant le *Tanabata*, enfants et adultes écrivent des vœux sur des bandes de papier colorées, qui sont accrochées à des branches de bambou. Ces vœux ne sont pas seulement des espoirs individuels — ce sont des expressions de l'esprit collectif, des voix qui montent vers le ciel comme des prières multicolores. Le bambou, avec sa flexibilité et sa force, soutient l'invisible. Et le vent qui passe entre les papiers est entendu par les dieux.

L'automne est la saison de la récolte, et avec elle arrivent les festivals des dons. Le plus symbolique est le *Niiname-sai*, célébré par l'empereur en remerciement pour la nouvelle récolte de riz. Le riz, au Japon, est plus qu'un aliment — c'est une offrande, une énergie, une vie. Le cultiver est un acte spirituel. Le récolter, une bénédiction. Le partager, une célébration. Lors du *Niiname-sai*, l'empereur offre le riz fraîchement récolté aux dieux, vêtu d'habits cérémoniels et avec des gestes contenus, dans un rite qui lie le cœur du peuple à la terre et au ciel. Dans les communautés rurales, les festivals de la récolte sont vécus avec intensité. Des offrandes sont apportées aux sanctuaires locaux. Les enfants participent avec des danses traditionnelles. Masques de lion, marionnettes, musique folklorique — tout s'unit dans une expression de joie et de révérence. Il n'y a pas de séparation entre le spirituel et le quotidien. L'agriculteur qui plante et récolte prie et remercie également. L'aliment, avant d'être consommé, est symboliquement rendu aux kami qui l'ont rendu possible.

Les *matsuri*, bien qu'ayant des formes diverses, partagent un esprit commun : célébrer la vie dans toutes ses phases. Ils ne sont pas seulement mémoire culturelle — ce sont des pratiques spirituelles vivantes. La joie n'est pas vue comme dispersion, mais comme présence intense. Danser, chanter, manger, s'habiller avec soin — tout cela est offrande. Et c'est pourquoi, lors des festivals shintoïstes, la beauté est cultivée. Les vêtements sont spéciaux. Les cheveux sont arrangés. Les mouvements suivent des schémas ancestraux. Le corps devient instrument du sacré.

En participant à un festival, le dévot n'honore pas seulement le kami — il se reconnecte avec sa propre essence. Il se souvient qu'il fait partie d'une communauté, d'un paysage, d'un cycle éternel de transformation. L'esprit collectif qui se forme lors des *matsuri* renforce le sentiment d'appartenance, d'union, d'harmonie. Et même ceux qui arrivent en tant que visiteurs, s'ils ont le cœur ouvert, ressentent ce champ. Ils sont accueillis non par des doctrines, mais par des gestes. Et dans ces gestes, ils trouvent une invitation : vivre avec plus de présence, avec plus de révérence, avec plus de joie.

Au milieu de la splendeur des *matsuri*, se révèle l'une des leçons les plus profondes de la spiritualité shintoïste : la sacralité ne réside pas seulement dans les moments de silence et de contemplation, mais aussi dans la vibration de la vie dans sa plénitude. Lorsque les kami descendent pour marcher parmi les dévots, il n'y a pas de séparation entre le divin et l'humain — il y a fusion. La danse des corps, l'éclat des lanternes, la chaleur de la foule sont des expressions de la même impulsion qui anime la nature au fil des saisons. Participer à un festival, c'est participer au flux même de l'existence, où chaque battement de tambour est un appel à la conscience, et chaque vœu accroché au vent, un pont entre les mondes.

Cette présence cyclique des *matsuri* enseigne également que le temps n'est pas une rivière qui coule en ligne droite, mais un champ vivant où tout revient sous une autre forme, une autre couleur, une autre saveur. Les festivals ne sont pas des répétitions — ce sont des renaissances. La même offrande acquiert une nouvelle signification à chaque saison, car le cœur qui l'offre n'est déjà plus le même. Il y a une maturation silencieuse qui se produit lorsque l'on vit le temps avec révérence : on apprend à accueillir le froid et la chaleur, la fleur et la feuille tombée, le début et la fin. Et ainsi, la spiritualité qui émerge des festivals n'est pas faite seulement de foi, mais d'un apprentissage profond avec le rythme même de la vie.

Au final, ce qui demeure n'est pas seulement le souvenir des couleurs ou des chants, mais le sentiment d'avoir touché quelque chose de plus grand que soi. Dans les *matsuri*, l'humain se perçoit comme faisant partie d'un réseau invisible qui unit la terre, le ciel et les cœurs. Cette perception transforme : elle éveille le soin, renforce le lien avec la communauté et ravive l'étincelle intérieure qui cherche un sens. Et lorsque le festival se termine, le kami retourne au sanctuaire, mais quelque chose de lui demeure — dans le silence de la maison, dans la fermeté des gestes quotidiens, dans le regard renouvelé qui apprend à voir, à chaque saison, une nouvelle chance de célébrer la vie.

Chapitre 8
Dieux Protecteurs

Dans l'univers du Shintoïsme, il n'y a pas de trône unique où repose une divinité centrale et absolue. Il n'y a pas de dieu suprême, distant, immuable. Il y a, au contraire, une myriade de présences. Esprits, forces, consciences — les kami — qui habitent le monde, se manifestent sous leurs formes infinies et partagent avec les humains une existence dynamique. Les dieux protecteurs du Shintoïsme ne sont pas des figures abstraites ou des archétypes intouchables. Ils sont proches. Présents. Ils agissent dans les communautés, les familles, les arbres, les métiers, les émotions. Le monde, aux yeux de celui qui marche avec révérence, est habité par des milliers de kami.

Parmi cette vaste constellation spirituelle, les *ujigami* occupent une place spéciale. Ce sont les kami protecteurs de clans, de villages, de quartiers ou de villes entières. Chaque communauté traditionnelle possède le sien. Il n'est pas seulement un symbole — il est un membre de la communauté. C'est à lui que s'adressent les prières en temps de maladie, de sécheresse, de récolte, de célébration. Sa présence n'est pas décorative, mais opérative. L'*ujigami* est celui qui protège, qui observe, qui répond. Et chaque sanctuaire qui lui est dédié devient le cœur spirituel de ce peuple. En ces lieux, les festivals saisonniers, les rites de passage et les célébrations collectives ne sont pas seulement des événements religieux — ce sont des retrouvailles avec le gardien invisible qui partage le destin commun.

Outre les *ujigami*, il existe des kami associés à des aspects spécifiques de la vie humaine. Ce sont des dieux qui ne représentent pas seulement des idées, mais agissent dans des sphères concrètes. *Inari Ōkami*, par exemple, est l'un des plus populaires et multifacettes. Son image est associée au riz, à la fertilité, à l'agriculture, aux affaires et à la prospérité. Les sanctuaires dédiés à Inari sont facilement reconnaissables aux chapelets de *torii* rouges qui se multiplient comme un tunnel flamboyant entre les mondes. Ses messagères sont les renardes blanches — *kitsune* — qui apparaissent par paires aux entrées des sanctuaires, souvent avec des clés de riz dans la gueule. Inari est invoqué par les agriculteurs, les commerçants, les étudiants, et par tous ceux qui désirent prospérer dans leurs entreprises. Mais plus que d'apporter la fortune, il enseigne à respecter le cycle de la récolte, à partager les fruits, à toujours remercier.

Un autre kami de grande dévotion est *Hachiman*, le dieu de la guerre, mais pas au sens belliqueux occidental. Hachiman protège les guerriers, certes, mais aussi les communautés, les pêcheurs, et principalement la paix. Il est le gardien de la nation et l'esprit ancestral de l'empereur Ōjin, déifié après sa mort. Ses sanctuaires se répandent à travers le Japon, et sa présence est associée à la force, à la protection et à la loyauté. Hachiman n'est pas un dieu distant, mais un esprit qui répond au besoin du moment, que ce soit dans la bataille, lors de la traversée de la mer, ou pour la protection d'un enfant malade.

Tenjin, quant à lui, est le kami des études et des arts. Son nom humain était Sugawara no Michizane, un érudit et poète de la période Heian qui, injustement exilé, mourut le cœur brisé. Après sa mort, des événements surnaturels effrayèrent la capitale, et il fut reconnu comme kami et honoré par des temples pour apaiser sa colère et restaurer l'harmonie. Aujourd'hui, Tenjin est vénéré par les étudiants de tous âges. À l'époque des examens, ses sanctuaires se remplissent de jeunes avec des cahiers à la main, déposant des *ema* avec des prières, demandant concentration, chance et sagesse. C'est un dieu qui connaît la douleur de l'injustice, mais qui offre la lumière à ceux qui cherchent la connaissance avec sincérité.

D'autres kami sont associés à la santé, à la maternité, à la longévité, à la fertilité, à l'art. Konohanasakuya-hime, déesse des fleurs et des volcans, est invoquée par les femmes enceintes. Sarutahiko Ōkami, avec son long visage et sa force robuste, est un dieu des chemins et des rencontres, protecteur des voyageurs et des décisions difficiles. Ame-no-Uzume, déesse de la danse et du rire, est célébrée comme celle qui a éveillé la lumière du monde et continue d'égayer les âmes avec son irrévérence sacrée. Et il y en a beaucoup d'autres, aux noms oubliés et aux fonctions silencieuses, qui habitent de petits autels, des forêts cachées, des foyers humbles. Aucun n'est moindre. Tous ont leur force et leur visage unique.

La relation avec les dieux protecteurs se construit par la pratique et l'intimité. Le dévot ne connaît pas seulement les noms — il cohabite. Il visite le sanctuaire, offre des prières, participe aux festivals, reconnaît les signes. Un kami peut être invoqué par des générations dans la même famille, et la relation devient un lien entre ancêtres et descendants. L'autel domestique, le *kamidana*, est souvent consacré à un kami spécifique, dont l'énergie résonne avec la vocation de la famille : le protecteur de l'agriculture, de la pêche, de l'écriture, de la santé, de la charpenterie.

Ce lien personnel avec les kami n'empêche pas de vénérer les autres. Le Shintoïsme n'exige pas l'exclusivité. Un pratiquant peut, et le fait souvent, visiter différents sanctuaires, honorer différents dieux, demander protection dans divers domaines de la vie. Chaque kami est un foyer spécifique de l'énergie cosmique. Et l'être humain, multifacette comme il est, peut se connecter à de multiples présences selon son besoin spirituel. Il est courant, d'ailleurs, d'adopter un kami comme protecteur personnel, non par imposition, mais par affinité. Parfois, ce choix est intuitif — un sanctuaire qui touche l'âme, un nom qui surgit à un moment difficile, un rêve qui apporte une figure spécifique. Les kami communiquent par signes, synchronicités, sentiments. Celui qui vit avec attention aux détails, qui respecte les petits gestes et les instants de silence, apprend à reconnaître cette communication. Et alors, le lien s'approfondit.

La présence des dieux protecteurs n'est pas une garantie d'absence de difficultés. Mais c'est une certitude de compagnie. Quand on allume une bougie, quand on offre une branche de feuilles fraîches, quand on frappe dans ses mains devant un petit autel en bois, on dit : « Je ne marche pas seul. » Et cette conscience transforme le vivre. Elle apporte la sérénité au milieu du chaos. Inspire le courage face à l'incertain. Soutient l'âme les jours d'ombre.

C'est pourquoi connaître les dieux protecteurs, c'est aussi se connaître soi-même. Car chaque kami résonne avec une partie de l'expérience humaine. La colère de Susanoo, l'éclat d'Amaterasu, le sacrifice d'Izanami, la sagesse de Takamimusubi — tous habitent le tissu de l'âme. Ils ne sont pas à l'extérieur. Ils sont avec. Et les reconnaître, les vénérer, dialoguer avec eux, c'est retrouver le chemin de l'harmonie.

Les dieux protecteurs du Shintoïsme, en reflétant les multiples aspects de la nature et de l'âme humaine, révèlent une spiritualité profondément intégratrice. Chaque kami est, à la fois, force naturelle et présence affective, archétype vivant et compagnon proche. En marchant dans un bois, en franchissant les portails rouges d'un sanctuaire, ou même en se taisant devant le petit autel domestique, le dévot reconnaît que son parcours est accompagné par des intelligences invisibles qui n'exigent pas une adoration aveugle, mais plutôt respect et présence.

Cette cohabitation constante avec le sacré enseigne que la protection ne vient pas d'un pouvoir qui s'impose de l'extérieur, mais d'un lien qui se construit avec le temps, avec les gestes répétés, avec l'écoute sensible de la vie. Ce lien, cependant, ne se limite pas à l'individu. Il s'étend à la communauté, au paysage, au métier, au passé et à l'avenir. Quand une famille vénère le même kami depuis des générations, l'autel cesse d'être un objet : il devient un point de rencontre entre les temps et les affects. Quand un quartier se réunit pour célébrer le kami local, il ne demande pas seulement protection — il réaffirme son identité collective. Et c'est ainsi que le Shintoïsme entrelace le spirituel avec le social, le mystique avec le quotidien. Les dieux protecteurs ne planent pas loin dans des sphères inatteignables : ils se penchent sur les toits, accompagnent l'écriture d'une lettre, gardent le sommeil des enfants, s'assoient invisiblement à table lorsque l'on sert le riz.

Au final, plus que de chercher la faveur des dieux, le pratiquant se transforme en l'expression même du respect qu'il ressent pour eux. L'offrande, la prière, le soin de l'autel sont les reflets d'une posture intérieure qui apprend à marcher avec humilité et attention. Les kami protègent, oui, mais ils enseignent aussi — à voir la beauté dans ce qui est simple, à honorer ce qui est ancien, à accueillir ce qui est changeant. Et ainsi, vivre sous la protection des dieux shintoïstes, c'est, au fond, vivre avec conscience : de soi, de l'autre, de la nature et du mystère qui imprègne toutes choses.

Chapitre 9
Autel Domestique

Dans le silence d'un matin ordinaire, avant que les bruits du jour ne s'installent, il y a un geste simple qui se répète dans de nombreux foyers japonais : allumer une bougie, offrir de l'eau fraîche, s'incliner en révérence devant un petit autel en bois. Cette pratique, dénuée d'éclat ou de spectacle, est l'essence du culte shintoïste vécu au quotidien. Le nom de cet autel est *kamidana* — littéralement, « étagère des dieux » —, et sa présence discrète soutient, comme une colonne invisible, la spiritualité de la maison.

Le *kamidana* n'est pas un symbole. C'est un point de contact direct entre le visible et l'invisible. Un lien permanent avec les kami. Il ne s'agit pas d'une miniature de temple ou d'un objet décoratif. Il est, en soi, un espace sacré. Une extension du sanctuaire, adaptée au rythme de la vie domestique. Et sa présence transforme le foyer en temple, non par la grandeur, mais par l'intention pure avec laquelle il est entretenu et vénéré.

Placer un *kamidana* chez soi est un acte de choix spirituel. Nul besoin d'être prêtre, nul besoin d'être né au Japon, ni de suivre des règles rigides. Ce qui est exigé, c'est le respect, la sincérité et la constance. L'autel doit être installé dans un endroit élevé, propre, où le regard l'atteigne facilement, mais où le corps ne le touche pas par inadvertance. De préférence orienté vers le sud ou l'est — directions associées à la lumière et à la renaissance. Jamais au-dessus d'une entrée ou d'une salle de bain, et jamais en dessous d'une structure quelconque. Le kami mérite d'être au-dessus, non par hiérarchie, mais par honneur.

Le cœur du *kamidana* est l'*ofuda* — un talisman sacré reçu d'un sanctuaire, contenant le nom du kami qui y est vénéré. Cet *ofuda* est la présence spirituelle du dieu en question. C'est lui qui consacre l'espace. Et c'est pourquoi il doit être traité avec le même soin que l'on aurait pour la présence réelle d'un hôte divin. Autour de lui, peuvent être disposés de petits objets rituels : deux petits récipients pour l'eau et le saké, deux pour le riz et le sel, un vase pour les branches de *sakaki*, des bougies et de l'encens. La simplicité est la règle. Mais chaque élément, aussi discret soit-il, porte une fonction et une signification.

Les offrandes sur le *kamidana* sont réalisées de manière similaire à celles qui ont lieu dans les sanctuaires. De l'eau propre tous les matins, changée avant l'aube. Du riz frais lors d'occasions spéciales ou après les repas principaux. Des petites branches vertes qui représentent la vie, le renouveau, la connexion. Nul besoin d'abondance — il suffit que ce soit pur, frais, honnête. Et le plus important : accompagné d'un cœur sincère, le *magokoro*. Car l'offrande n'a pas de valeur matérielle, mais par la vibration qu'elle transmet.

Devant l'autel, le dévot accomplit le même geste traditionnel : deux révérences, deux claquements de mains, une prière silencieuse, et une révérence finale. Ce petit rituel, répété quotidiennement, restructure l'esprit. Il réorganise l'attention, défait les nœuds de l'anxiété, réaligne l'être avec le flux de la vie. Et c'est pourquoi le *kamidana* n'est pas seulement un point de prière — c'est un miroir de l'âme. Il reflète l'état intérieur de celui qui l'entretient. S'il y a négligence, accumulation de poussière, laisser-aller, quelque chose se brise dans le lien avec les dieux. Le kami n'abandonne pas — mais il se tait.

De nombreux pratiquants ressentent l'effet direct de cultiver cet espace. L'atmosphère de la maison change. Elle devient plus légère, plus silencieuse, plus ordonnée. Les conflits s'atténuent. Les décisions gagnent en clarté. La vie, bien qu'elle continue avec ses défis, semble couler avec plus de douceur. Car le foyer cesse d'être seulement un abri physique et devient demeure de la spiritualité.

Il n'y a pas un seul type de kami qui puisse être honoré sur l'autel domestique. Le plus courant est de consacrer le *kamidana* au kami du sanctuaire le plus proche ou à la divinité avec laquelle la famille entretient des liens historiques ou affectifs. On peut aussi inclure plus d'un *ofuda*, à condition que l'espace soit agrandi avec respect. Inari, par exemple, est fréquemment honoré dans les foyers liés à l'agriculture, aux affaires ou à la cuisine. Tenjin apparaît dans les foyers d'étudiants. Amaterasu, en tant que déesse solaire et ancêtre de l'harmonie, est la bienvenue dans n'importe quel foyer. Mais l'essentiel est que le choix soit fait avec conscience et affinité. Le kami doit être traité comme un invité cher, qui reste à la maison tous les jours.

Le *kamidana* est aussi un point d'union familiale. Parents, enfants, grands-parents peuvent partager cet espace de prière. Enseigner aux enfants à prendre soin de l'autel est une manière de transmettre non seulement un rite, mais une vision du monde. C'est enseigner qu'il y a quelque chose au-delà du visible, que la gratitude doit être cultivée, que la beauté des petites choses a de la valeur. L'enfant qui offre de l'eau au kami apprend, sans mots, que vivre est un don, et que ce don doit être honoré.

Les jours de célébration, le *kamidana* gagne de nouveaux éléments. Petites douceurs, fruits de saison, fleurs fraîches, messages écrits à la main. On peut chanter, on peut danser devant lui, comme pour réjouir les kami. Il n'y a pas de rigidité. Il y a de la vie. Et cette vie est spiritualisée par le geste, par l'intention, par la répétition consciente. La répétition non comme habitude aveugle, mais comme rythme qui génère la stabilité.

Si par hasard l'*ofuda* devient ancien, endommagé ou achève un cycle annuel, il doit être retourné au sanctuaire d'où il vient, où il sera brûlé lors d'une cérémonie appropriée. On reçoit alors un nouvel *ofuda*, renouvelant le pacte avec le kami, comme si l'on renouvelait les vœux d'une amitié invisible. Ce geste, simple, renforce la nature cyclique du Shintoïsme — tout naît, accomplit son temps et retourne à l'invisible. Et le dévot, en participant à ce cycle, devient aussi partie de la danse éternelle entre le monde et les dieux.

Nul besoin d'attendre une occasion spéciale pour prier au *kamidana*. Il est toujours là, comme témoin silencieux du parcours quotidien. En quittant la maison pour le travail, une révérence. En revenant, un remerciement. Avant une décision importante, une courte prière. En atteignant un objectif, une offrande de gratitude. La spiritualité shintoïste est faite de gestes simples, intégrés au rythme de la vie. Et l'autel domestique est l'ancre qui soutient cette intégration.

Le *kamidana* enseigne que le divin n'est pas seulement dans des temples lointains, sur des montagnes sacrées, dans des rituels grandioses. Il est dans le salon, dans la cuisine, dans un coin de la chambre. Il est dans la manière dont on range la maison, dont on prend soin de l'autre, dont on prépare la nourriture. Le foyer, lorsqu'il est habité avec révérence, se transforme. Et dans cet espace transformé, les kami demeurent.

C'est pourquoi le *kamidana* n'est pas seulement un meuble, ni un objet sacré isolé. Il est un rappel constant de la présence divine dans l'ordinaire. Il invite à l'attention, à la propreté, à la gratitude. Et en maintenant ce petit autel allumé par des gestes quotidiens, le dévot n'honore pas seulement les dieux — il se rééduque lui-même. Il apprend à voir avec de nouveaux yeux. À écouter le silence. À marcher avec plus de légèreté.

En maintenant vivant le geste quotidien devant le *kamidana*, le pratiquant développe une spiritualité qui ne s'appuie pas sur des spectacles, mais sur la constance et la présence. Cette fidélité au petit rituel façonne un type de sensibilité rare : la capacité de reconnaître le sacré dans le quotidien. Il ne s'agit pas d'attendre des miracles visibles, mais de cultiver une cohabitation subtile avec l'invisible. Avec le temps, cette relation s'approfondit — non par obligation, mais par affinité. L'autel, auparavant un élément externe, devient le miroir d'un monde intérieur plus silencieux et éveillé, où chaque offrande est aussi une conversation avec sa propre âme.

Ce silence spirituel que le *kamidana* promeut a des implications profondes. Il réaligne non seulement l'individu, mais l'atmosphère même du foyer. Les petits désordres émotionnels se défont. Le temps semble ralentir. Les mots gagnent en poids, les affects en clarté. Et lorsque les difficultés arrivent — comme elles arrivent inévitablement —, il y a là, dans ce coin sacré de la maison, un lieu de refuge, un point d'équilibre. L'autel ne répond pas avec des promesses, mais offre un rappel constant : on n'est pas seul. La présence du kami, même invisible, ancre le cœur et soutient le pas. Cela transforme la spiritualité en quelque chose de tangible, praticable, accessible à tout moment.

En fin de compte, le *kamidana* est moins un autel qu'une manière de vivre. Il enseigne, tous les jours, que le divin n'est pas séparé de l'existence, mais entrelacé à elle. En allumant une bougie ou en renouvelant l'eau, le dévot n'accomplit pas seulement un rite — il réaffirme sa place dans le monde, son lien avec la nature, avec les ancêtres, avec l'essence même de la vie. Et ainsi, même lors d'un matin ordinaire, avant que les bruits du jour ne s'installent, ce geste simple se transforme en portail : un instant où l'humain et le sacré se reconnaissent mutuellement.

Chapitre 10
Religion Quotidienne

La spiritualité du Shintoïsme n'habite pas seulement les sanctuaires, les festivals et les rites formels. Elle n'exige pas de tenues cérémonielles, de mots anciens ou de cérémonies complexes pour se manifester. Elle vit, principalement, dans l'ordinaire. Dans les petits gestes et les silences. Dans chaque salutation, dans chaque nettoyage fait avec intention, dans chaque repas partagé avec respect. La religion quotidienne dans le Shintoïsme est une pratique continue, presque invisible, mais profondément transformatrice. C'est la vie menée avec révérence.

Le premier acte de la journée, en ouvrant les yeux, est déjà une rencontre avec le sacré. Le soleil qui pointe à l'horizon n'est pas seulement un astre — il est la lumière vivante d'Amaterasu-ōmikami, la déesse solaire. Se tourner vers l'est, même pour un bref instant, et incliner légèrement la tête en silence, c'est reconnaître cette présence. De nombreux pratiquants maintiennent l'habitude de saluer le nouveau jour par un geste de gratitude. Il n'y a pas de mots fixes. Juste le sentiment que le jour qui commence est un don, un renouveau, une invitation.

Avant les repas, la coutume de dire « *Itadakimasu* » — littéralement, « je reçois avec humilité » — porte une signification spirituelle profonde. Il ne s'agit pas seulement d'éducation ou de courtoisie. C'est une reconnaissance que la nourriture provient d'un cycle sacré : de la terre, de l'eau, du dévouement humain, de la bénédiction des dieux. Manger n'est pas un acte mécanique. C'est un geste de communion avec les éléments qui soutiennent la vie. Après le repas, le « *Gochisōsama deshita* » — « ce fut un festin », même simple — exprime la gratitude non seulement pour la nourriture, mais pour tout le travail et l'énergie impliqués dans son obtention.

Le nettoyage, dans le Shintoïsme, est aussi une pratique spirituelle. L'environnement où l'on vit n'est pas seulement un espace fonctionnel — c'est une extension de l'âme. C'est pourquoi balayer la maison, ranger les objets, nettoyer le sol, aérer les pièces ne sont pas seulement des tâches ménagères. Ce sont des gestes qui purifient l'espace et, avec lui, l'esprit. La poussière qui s'accumule sur les choses n'est pas différente de celle qui se dépose dans l'esprit. L'ordre extérieur reflète l'harmonie intérieure. Et maintenir le foyer propre, c'est maintenir l'esprit aligné avec les kami.

Les écoles au Japon, profondément influencées par l'esprit shintoïste, reflètent cette discipline spirituelle. Les enfants apprennent, dès leur plus jeune âge, à nettoyer leurs salles, leurs toilettes, leurs couloirs. Il n'y a pas d'agents d'entretien scolaires. Non par économie, mais par éducation éthique. Chaque élève devient responsable de son environnement. Il apprend que prendre soin de l'espace commun fait partie de la culture du caractère. Que la beauté et l'ordre ne sont pas seulement esthétiques, mais expressions de respect. Cette pratique, répétée tous les jours, façonne le regard. Elle enseigne à voir le monde avec attention. Et cette attention est, par essence, une forme de prière.

Dans les transports publics, dans les files d'attente, dans les rues, le silence et la courtoisie ne naissent pas seulement de règles sociales. Ils sont aussi les reflets d'une spiritualité qui reconnaît l'autre comme une présence sacrée. Chaque personne porte en elle une étincelle du divin. Et traiter l'autre avec gentillesse, c'est aussi honorer les kami qui vivent en tous les êtres. Le comportement respectueux n'est pas un masque social. C'est une pratique spirituelle enracinée.

Les mots, dans le Shintoïsme, sont aussi des chemins. Parler avec sincérité, éviter la médisance, choisir le silence lorsque nécessaire — tout cela fait partie de la pratique quotidienne. Le concept de *kotodama*, l'« esprit des mots », révèle la croyance que chaque son porte une vibration spirituelle. Dire quelque chose, c'est lancer une énergie dans le monde. Et c'est pourquoi on parle avec soin. Les mots négatifs, prononcés de manière impulsive, troublent l'environnement. Les beaux mots, prononcés avec vérité, purifient.

Même les rituels formels peuvent se traduire par des actions simples au quotidien. En commençant une nouvelle tâche, de nombreuses personnes s'inclinent légèrement devant l'espace de travail. En lançant un nouveau projet, elles allument une bougie. Avant un voyage, elles font une brève prière. Ces gestes, bien que discrets, créent un champ d'attention. Et c'est cette attention qui transforme l'ordinaire en extraordinaire.

La religiosité shintoïste ne sépare pas la vie en compartiments. Le temps de travail, le temps de la famille, le temps du repas, le temps du repos — tous sont des moments de rencontre possible avec le sacré. Cette forme de spiritualité ne s'impose pas. Elle s'insinue. Elle s'enracine dans la routine, dans les coutumes, dans la manière d'habiter le monde. Et c'est pourquoi, même ceux qui ne se déclarent pas religieux, finissent par pratiquer le Shintoïsme dans leurs gestes. Le respect de l'espace public, le soin de l'esthétique, le silence dans les lieux naturels, la révérence spontanée devant un arbre ancien — tout cela naît d'une âme façonnée par des siècles de coexistence avec les kami.

La pratique de l'*omiyamairi* — la première visite d'un bébé au sanctuaire — marque, dès le plus jeune âge, l'insertion de l'enfant dans le champ du sacré. Il est présenté au kami local, reçoit protection, est béni. Ce geste n'est pas seulement symbolique. Il inaugure une relation. Et même si, au cours de sa vie, l'individu s'éloigne des rites formels, cette connexion demeure latente, silencieuse, vivante.

Dans les affaires, de nombreuses entreprises japonaises commencent l'année par une visite collective au sanctuaire. Employés, directeurs, collaborateurs se réunissent devant l'autel, font des offrandes, demandent sagesse, protection et harmonie. C'est un rituel qui unit spiritualité et travail, qui reconnaît le kami comme partenaire dans les activités humaines. Et cette pratique résonne dans les valeurs d'entreprise : dévouement, intégrité, coopération. L'environnement professionnel, lorsqu'il est traversé par cet esprit, devient aussi un lieu de culture intérieure.

Dans les champs, les agriculteurs entretiennent de petits autels au milieu des plantations. Ils honorent les dieux de la terre, de la pluie, du soleil. Ils ne plantent pas sans prier. Ils ne récoltent pas sans remercier. L'agriculture, dans ce contexte, n'est pas seulement technique. C'est un art spirituel. Chaque saison apporte un enseignement. L'attente, le soin, la patience, l'acceptation de l'impermanence — tout cela forme le caractère. Et la nourriture qui naît de cette terre spiritualisée porte une force qui va au-delà du physique.

Dans la vie urbaine, même entre béton et technologie, l'esprit shintoïste trouve sa place. Petits sanctuaires entre gratte-ciel, arbres préservés aux coins de rues animées, fontaines avec louches de purification dans des lieux inattendus — tout cela sont des rappels. Le kami n'exige pas une nature intacte. Il se manifeste là où il y a respect. Et même le plus pressé des passants, en inclinant la tête en passant devant un *torii*, participe au sacré.

Le Shintoïsme, en offrant cette religiosité quotidienne, révèle que l'essentiel ne réside pas dans la complexité, mais dans la conscience. Il n'y a pas de séparation entre vie et spiritualité. Bien vivre, c'est bien pratiquer. Et bien pratiquer, c'est vivre avec beauté, respect, ordre et gratitude. Nul besoin de s'isoler du monde, ni d'attendre de grandes occasions. Le maintenant est le temple. Le foyer est l'autel. L'action est la prière.

En reconnaissant le quotidien comme espace sacré, le Shintoïsme nous invite à une forme de religiosité qui ne s'impose pas comme doctrine, mais se révèle comme style de vie. Ce mode de vie sacré ne dépend pas de grands discours ou de révélations mystiques : il se construit dans l'intimité des jours ordinaires. Il est dans la façon dont on marche dans la rue, dont on salue quelqu'un, dont on touche un objet avec soin. Chaque geste devient une signature spirituelle, un trait d'attention qui, répété au fil du temps, façonne l'esprit avec délicatesse et profondeur. C'est une spiritualité qui ne sépare pas le profane du sacré — mais les entrelace, jusqu'à ce qu'on ne puisse plus les distinguer.

Cette conscience transforme le regard. La ville cesse d'être un espace chaotique et devient un champ de relations vivantes. Le travail quotidien se convertit en expression de but. Les rencontres, même les plus brèves, portent la possibilité de la révérence. Et ainsi, l'esprit du pratiquant se repose sur une base solide : le soin. Prendre soin de l'espace, prendre soin de la parole, prendre soin du temps, prendre soin des relations. Le Shintoïsme quotidien est, avant tout, une éthique du soin. Et cette éthique, même silencieuse, est profondément contagieuse. Elle n'a pas besoin d'être enseignée par imposition. Elle se transmet par la cohabitation, comme l'arôme de l'encens qui demeure dans l'air même après que la fumée se soit dissipée.

Au final, vivre selon cette spiritualité est un choix quotidien — un choix de voir la beauté là où le regard distrait ne verrait que routine. C'est s'éveiller à la dimension subtile qui traverse l'existence, sans nier ses douleurs ou difficultés, mais en y voyant aussi la présence des kami. Car si chaque instant est un temple, et chaque action une prière, alors vivre avec révérence est, en soi, un chemin sacré. Et sur ce chemin, où chaque pas est présence, le divin marche à nos côtés — non au-dessus, non au-delà, mais à côté, au rythme exact de la vie vécue avec intention.

Chapitre 11
Rôles du Prêtre

Dans un sanctuaire silencieux, où l'air semble plus léger et où le temps repose avec lenteur, une figure se meut avec une légèreté cérémonielle. Vêtu de blanc et de bleu, ou peut-être de rouge profond, il marche entre le *torii* et le *honden* comme s'il traçait des ponts invisibles entre les mondes. Il ne s'impose pas, ne se distingue pas, n'exige pas. Il sert. C'est le *kannushi*, le prêtre shintoïste. Son rôle n'est pas celui de la domination spirituelle, ni de la médiation exclusive. Il n'est pas le propriétaire du sacré — il en est le gardien. Et sa présence est à la fois discrète et essentielle.

Le *kannushi* est le veilleur de la pureté, le mainteneur de l'harmonie de l'espace rituel. Il ne commande pas les kami. Il prépare le terrain pour qu'ils se manifestent. Il prend soin du sanctuaire avec des mains dévouées, préserve les rites avec exactitude, psalmodie les *norito* avec la voix de la tradition. C'est à lui qu'incombe la responsabilité de maintenir vivant le flux entre le visible et l'invisible, entre les humains et les dieux. Sa fonction n'est pas interprétative, mais rituelle. Il ne prêche pas. Il agit.

Le chemin pour devenir prêtre dans le Shintoïsme ne passe pas par un appel divin ni par une illumination individuelle. Il passe par la formation, la pratique et, surtout, par l'humilité. De nombreuses lignées sacerdotales sont héréditaires, maintenues par des familles qui, depuis des siècles, prennent soin des mêmes sanctuaires. Mais il y a aussi ceux qui se forment dans des institutions spécifiques, comme l'Université Kokugakuin ou l'Université Kogakkan, où l'on étudie l'histoire, la langue japonaise classique, les rituels, les mythes, l'étiquette et le mode de vie sacerdotal. La formation n'est pas seulement technique — c'est une immersion dans la sensibilité shintoïste.

La tenue du *kannushi* fait partie de son rôle symbolique. Le *jōe*, tunique blanche de lin ou de soie, représente la pureté. L'*eboshi*, bonnet noir porté sur la tête, le relie aux costumes de cour de l'antiquité, renforçant la solennité de sa présence. Lors de cérémonies plus formelles, il revêt le *sokutai*, un ensemble complexe de vêtements colorés qui rappelle la tenue de la cour impériale. Mais même sous tant de couches, ce qui transparaît, c'est la légèreté. Le prêtre ne doit pas attirer l'attention sur lui, mais canaliser la présence du sacré avec discrétion.

Dans ses mains, il peut tenir l'*ōnusa*, bâton de bois avec de longues bandes de papier blanc — les *shide* — qui s'agitent comme des vagues au vent. Avec lui, il réalise la purification. Le son des bandes déchirant l'air n'est pas du bruit — c'est une vibration. Avec l'*ōnusa*, le prêtre nettoie l'environnement, les objets, les personnes. Non par imposition, mais avec une délicatesse cérémonielle. Chaque mouvement porte une intention. Chaque geste, une signification.

Les *kannushi* ne sont pas isolés. Ils travaillent en partenariat avec les *miko*, assistantes rituelles féminines, généralement de jeunes femmes qui servent dans les sanctuaires vêtues de robes blanches et de jupes rouges. La présence de la *miko* est lumineuse et silencieuse. Elle prépare les offrandes, réalise des danses cérémonielles — les *kagura* —, prend soin de l'esthétique de l'espace sacré. Sa figure est la continuité vivante des chamanes ancestrales, des femmes qui, depuis des temps immémoriaux, servaient de médiums entre les kami et les hommes. La *miko* n'est pas subalterne — elle est complémentaire. Sa danse n'est pas un divertissement — c'est une invocation. Son silence n'est pas absence — c'est écoute.

Ensemble, *kannushi* et *miko* soutiennent l'intégrité du sanctuaire. Ils sont les gardiens du rythme sacré. Ils n'imposent pas de règles morales, ne s'arrogent pas le rôle de détenteurs de vérités. Ils maintiennent le flux. Ils se lèvent tôt pour nettoyer l'enceinte, préparent les offrandes avec précision, récitent les *norito* lors de cérémonies de bénédiction, de purification, de célébration. Ils ne se placent pas entre le dévot et le kami — ils garantissent seulement que l'espace, le temps et le geste soient prêts pour la rencontre.

Aux moments de transition dans la vie des dévots, les prêtres assument un rôle fondamental. À la naissance d'un enfant, ils réalisent l'*omiyamairi*, la première visite au sanctuaire. Lors du mariage, ils conduisent le *shinzen kekkon*, où les mariés jurent union devant les dieux, partagent le saké sacré et se recueillent ensemble. Lors des rituels de passage de l'enfance à la jeunesse, ils sont présents, guidant avec sobriété et tendresse. Chaque rite conduit par le *kannushi* est une couture invisible dans le tissu de la vie, unissant l'expérience humaine au champ des dieux.

Mais ce ne sont pas seulement des célébrations. En temps de crise, le prêtre agit également. Face aux catastrophes naturelles, comme les tremblements de terre ou les typhons, il réalise des rituels pour restaurer l'ordre, réconforter les endeuillés, purifier la terre. Sa présence devient une ancre. Il n'y a pas de promesses d'explication. Il y a seulement la certitude que le kami continue d'être présent, et que l'harmonie, même rompue, peut être restaurée avec sincérité, avec soin, avec des rites.

De nombreux *kannushi* vivent à proximité des sanctuaires, dans des résidences attenantes. Leur vie est simple, marquée par le rythme des jours et des saisons. Ils ne cherchent pas la projection, ne vendent pas de miracles. Leur récompense réside dans le service. En prenant soin de l'autel, ils prennent soin de l'âme du peuple. En allumant une bougie, ils éclairent le chemin de celui qui s'approche. En psalmodiant un *norito*, ils offrent leur voix comme pont entre les mondes. Et tout cela est fait avec le silence de ceux qui savent que l'essentiel n'a pas besoin de mots.

Être prêtre dans le Shintoïsme n'est pas revêtir une identité — c'est soutenir un mode d'être. C'est se maintenir pur, attentif, disponible. C'est vivre avec les kami, par eux et pour eux. Et c'est pourquoi le *kannushi* devient, lui-même, un reflet de ce qu'il préserve. Sa posture, son regard, son geste, tout transmet la présence qu'il honore. Il est le symbole vivant du principe selon lequel le sacré n'est pas distant — il est cultivé, soigné, nourri par des actions discrètes et continues.

Dans les temps modernes, de nombreux prêtres font face à de nouveaux défis. La diminution des pratiquants réguliers, l'urbanisation, la modernisation du langage. Et malgré tout, ils restent fermes. Ils s'adaptent, sans perdre l'essence. Ils reçoivent les visiteurs étrangers avec hospitalité. Expliquent les rituels avec patience. Ils ouvrent les portes des sanctuaires à ceux qui cherchent quelque chose — même s'ils ne savent pas quoi exactement. Le sacerdoce shintoïste ne ferme pas les portes — il les maintient ouvertes. Car la présence du kami ne dépend pas de la nationalité, de l'origine ou du savoir. Elle dépend seulement de la sincérité.

À la fin de la journée, lorsque les lanternes sont allumées, lorsque le sanctuaire plonge dans le silence, le prêtre est encore là. Peut-être en train de balayer le sol avec un simple balai. Peut-être en nettoyant les objets de l'autel. Peut-être assis en silence devant le *honden*. Personne ne le voit, personne ne l'applaudit. Mais le kami sait. Et cette conscience suffit.

Sous la douce lumière des lanternes, le *kannushi* poursuit son voyage comme celui qui marche entre les mondes, portant la tâche invisible de soutenir le lien entre l'humain et le divin. Même si les yeux contemporains s'habituent au bruit et à la vitesse, il y a une force silencieuse dans le geste répété, dans le rite exécuté avec soin, dans le soin qui ne cherche pas la reconnaissance. Le prêtre ne s'éloigne pas du présent — il l'embrasse à sa manière, montrant que même dans un monde en constante mutation, il y a de la place pour ce qui demeure, pour ce dont on prend soin en silence. Sa permanence est résistance, mais aussi compassion.

C'est pourquoi le *kannushi* ne représente pas seulement la mémoire vivante d'une tradition, mais aussi son renouvellement discret. Il accueille les transformations sans se laisser dénaturer par elles. Si le flux des visiteurs change, il change sa manière de recevoir. Si le langage évolue, il trouve de nouvelles formes pour exprimer le même esprit. Le sacerdoce, ainsi, se révèle comme un métier du temps — un temps qui ne se mesure pas seulement par des horloges, mais par des saisons, par des rites, par des gestes. Et chaque geste, même le plus simple, porte encore le poids et la légèreté du sacré.

Dans la dernière courbe du jour, lorsque l'encens s'est dissipé et que le vent nocturne caresse les branches du sanctuaire, le *kannushi* demeure. Non parce qu'il le doit, mais parce qu'il a choisi d'être là. Il n'attend pas d'être rappelé — il accomplit simplement ce qui doit être fait. Et dans ce faire continu, discret et engagé, il se dissout dans l'office qu'il a embrassé, comme l'eau qui nourrit la racine sans attirer l'attention sur elle. C'est dans cette disparition dans le geste que le prêtre se révèle entier.

Chapitre 12
Sacerdoce Féminin

Dans les temps anciens, lorsque le monde n'était pas encore divisé par des structures rigides de pouvoir et que la spiritualité cheminait en accord avec l'instinct et l'intuition, la voix des femmes résonnait dans les rituels comme un son primordial. Elles dansaient, psalmodiaient des chants, interprétaient les signes invisibles du vent, de l'eau, du feu. Au Japon ancestral, avant même que le Shintoïsme n'assume des formes officielles, le sacerdoce féminin existait déjà comme expression naturelle de la sensibilité spirituelle. La femme, avec sa connexion organique aux cycles de la vie, à la terre et aux eaux du ventre, était un canal direct vers les kami.

Ce lien ne s'est jamais perdu. Il a survécu au temps, aux réformes, aux structures masculines, aux adaptations politiques. Il demeure, subtil et ferme, dans les figures des *miko* — les assistantes spirituelles féminines des sanctuaires shintoïstes — et, plus récemment, dans les prêtresses pleinement ordonnées. La spiritualité shintoïste ne voit pas de conflit entre le féminin et le sacré. Au contraire, elle reconnaît dans l'énergie féminine une expression essentielle du divin.

La figure de la *miko* remonte aux anciennes chamanes, connues sous le nom de *kannagi*, femmes qui recevaient les dieux dans leur corps, qui dansaient en état de transe, qui communiquaient les messages des kami au peuple. La plus emblématique de ces figures est Himiko, la reine-chamane qui gouverna le royaume de Yamatai au IIIe siècle. Elle ne commandait pas seulement politiquement — elle était le pont vivant entre les mondes. Son autorité était spirituelle, reconnue même par des registres chinois. Elle s'isolait, vivait dans la chasteté, et parlait au nom des dieux. Son existence prouve que le sacerdoce féminin n'est pas une concession moderne — c'est une fondation archaïque.

Avec le temps, la figure de la *miko* a été institutionnalisée, mais sans perdre son caractère rituel. Elle est devenue la gardienne de la beauté cérémonielle, de la danse sacrée, de l'offrande silencieuse. Vêtue de blanc et de rouge, avec de longues manches et des mouvements doux, elle se déplace dans l'espace sacré comme une présence qui ne pèse pas, comme un vent qui réorganise l'énergie du lieu. Sa danse — la *kagura* — n'est pas une performance. C'est une invocation. Chaque geste est un mot. Chaque tour, une salutation. En se mouvant devant l'autel, la *miko* ne représente pas — elle manifeste.

Lors des cérémonies, la *miko* prépare les offrandes avec des mains délicates, positionne les éléments avec précision, chante des hymnes qui apaisent et éveillent. Sa présence est discrète, mais fondamentale. Elle soutient l'harmonie du rituel avec le silence de celle qui sert l'invisible. Elle n'explique pas. Elle révèle. Le sanctuaire, en sa présence, devient plus léger, plus attentif, plus vivant.

Beaucoup de *miko* exercent de manière temporaire, pendant leur jeunesse, avant le mariage. Mais il y a celles qui, mues par une vocation profonde, restent. Et il y a aussi celles qui transcendent le rôle d'assistantes et deviennent prêtresses à part entière — une possibilité qui, bien que moins courante, s'est élargie au cours des dernières décennies. La femme, aujourd'hui, peut être ordonnée prêtresse, conduire des rituels, réciter des *norito*, administrer des sanctuaires. Et lorsqu'elle le fait, elle n'imite pas le sacerdoce masculin. Elle imprime sa propre vibration, sa propre cadence spirituelle.

L'action de la femme dans le Shintoïsme n'a jamais été secondaire. Même aux époques où le patriarcat s'imposait dans d'autres traditions religieuses, les sanctuaires japonais continuaient d'abriter le féminin. Certaines des divinités les plus vénérées du panthéon shintoïste sont féminines : Amaterasu, la déesse du soleil, origine de la lignée impériale ; Konohanasakuya-hime, déesse de la fleur de cerisier et des volcans ; Ame-no-Uzume, la déesse de la danse, de la joie et de la révélation. Chacune porte une force distincte, mais toutes révèlent la vitalité du féminin comme puissance créatrice et ordonnatrice. La femme, en exerçant le sacerdoce, ne répète pas seulement des rites — elle canalise cette lignée spirituelle. Elle s'aligne sur ces forces archétypales qui gouvernent la vie, la beauté, le temps et la transformation. Sa présence dans le sanctuaire est plus qu'une fonction — c'est une affirmation que le sacré n'a pas de genre fixe, mais se manifeste selon l'esprit et la pureté de l'intention.

Dans les communautés, la présence de la femme comme figure spirituelle est également accueillie avec naturel. Lors des festivals locaux, ce sont souvent les dames les plus âgées qui dirigent les processions, qui maintiennent vivants les chants anciens, qui enseignent aux enfants les gestes et les rites. Elles n'ont pas été ordonnées par des institutions, mais par la continuité même de la tradition. Elles sont prêtresses par vécu, par héritage, par dévotion silencieuse.

L'intuition, qualité si souvent marginalisée dans des contextes rationnels, est dans le Shintoïsme une forme légitime de connaissance spirituelle. La femme, avec sa sensibilité aux cycles, aux émotions, au langage non verbal, trouve dans ce domaine une affinité profonde avec les modes du kami. Le dieu shintoïste ne s'impose pas — il s'insinue. Il ne parle pas fort — il murmure. Et entendre ces murmures exige l'écoute fine que le féminin, dans sa forme la plus pleine, porte en lui.

Lors des rituels de purification, la présence féminine est souvent l'élément qui adoucit et harmonise le champ spirituel. En offrant les branches sacrées, en conduisant le chant liturgique, en soutenant le silence par sa présence, la prêtresse crée l'espace pour que le kami se manifeste. Il n'y a pas de hiérarchie entre elle et le prêtre homme. Il y a complémentarité. L'équilibre entre des forces qui, unies, font du sanctuaire un miroir de l'ordre naturel.

L'ascension des prêtresses formelles dans le Shintoïsme moderne ne représente pas une rupture. Elle représente un retour. Un rééquilibrage. Dans un monde qui tente de réorganiser ses formes de pouvoir, le Shintoïsme offre un exemple subtil de la manière dont le féminin et le masculin peuvent coexister dans le sacré sans exclusion. Et cette coexistence ne naît pas de décrets. Elle naît de la pratique. De la révérence mutuelle. De la reconnaissance que le kami répond à la sincérité, non au genre.

La femme, en exerçant le sacerdoce, apporte aussi la dimension du soin. Elle observe les détails, note les altérations dans le champ énergétique, perçoit les émotions non dites des dévots. Son écoute est plus large. Son regard, plus symbolique. Et en accueillant, en orientant, en calmant, elle réalise la fonction première du sacré : reconduire à l'harmonie.

Dans certains sanctuaires, des groupes de femmes se réunissent pour maintenir les rites vivants. Elles cousent les costumes, nettoient les chemins, prennent soin des fleurs, récitent des prières. Elles font cela sans reconnaissance publique, sans attente de récompense. Elles le font parce qu'elles savent. Et ce savoir, transmis de mère en fille, de grand-mère en petite-fille, maintient allumée une flamme invisible qui soutient la continuité de la tradition.

La femme, dans le sacerdoce shintoïste, n'est pas l'exception. Elle est racine. Et comme racine, elle soutient, même si elle n'apparaît pas. Sa force réside dans la constance. Dans le soin. Dans la beauté qui ne cherche pas les projecteurs. Sa présence est ce qui rend l'espace sacré habitable, sensible, fertile.

À la fin d'une journée rituelle, lorsque les bougies s'éteignent et que le silence s'installe à nouveau dans le sanctuaire, la prêtresse recueille les objets avec des mains fermes et douces. Elle nettoie l'autel comme si elle caressait un être vivant. Elle plie les tissus avec respect. Elle demeure. Car son service ne se termine pas avec le rite — il continue dans la façon dont elle marche, dont elle parle, dont elle vit. Elle est prêtresse non seulement lorsqu'elle revêt la tenue cérémonielle, mais dans chaque geste quotidien. Car le sacré, pour elle, est un état permanent d'attention.

Dans le recueillement des gestes quotidiens, le sacerdoce féminin révèle sa nature la plus profonde : une spiritualité qui ne s'annonce pas, mais s'infiltre dans les plis du temps, de l'espace et de la présence. La femme, lorsqu'elle agit dans le sacré, ne crée pas de ruptures — elle renforce les liens. Sa pratique n'est pas seulement liturgique, mais existentielle. À chaque offrande silencieuse, elle réaffirme l'idée que le spirituel n'est pas quelque chose de séparé de la vie, mais sa continuité sur un autre ton, plus subtil. Son corps, sa voix, son écoute deviennent les instruments d'une liturgie qui s'étend au-delà de l'autel, atteignant le quotidien comme extension du divin.

Ce mode d'être au monde transforme le sacerdoce féminin en une référence vivante d'équilibre et de permanence. La femme ne cherche pas à dominer le rite — elle le ressent. Elle ne revendique pas d'espaces par imposition, mais par fidélité à un appel qui précède tout système. Son savoir spirituel est entrelacé à la pratique, au soin, à la transmission silencieuse. Et lorsqu'elle conduit un rituel ou prend simplement soin de l'espace sacré, elle y imprime sa signature énergétique, celle qui rend l'environnement plus accueillant, plus intègre, plus réceptif à la présence des kami.

Ainsi, le féminin dans le Shintoïsme n'est pas un accessoire ou une concession — c'est la pulsation originelle du sacré, force fondatrice qui continue de nourrir le présent avec la sagesse de l'invisible. Au final, la prêtresse demeure non parce que quelqu'un l'a placée là, mais parce qu'elle n'a jamais cessé d'y être. Son rôle est antérieur aux institutions, plus ancien que les registres et plus résilient que les structures. Elle est la gardienne silencieuse de l'esprit du sanctuaire, la flamme qui ne s'éteint pas, l'écoute qui accueille, le geste qui guérit. Et c'est pourquoi, même lorsque personne d'autre n'observe, lorsque les cloches cessent et que les offrandes sont recueillies, sa présence continue de remplir l'espace comme un écho sacré qui n'a pas besoin de voix pour être entendu.

Chapitre 13
Danses Sacrées

Il existe un langage qui précède la parole. Une forme de communication qui ne dépend ni du son, ni de l'écriture, mais qui vibre dans le corps, dans l'air et dans la mémoire ancestrale des peuples. Ce langage est la danse. Dans le Shintoïsme, elle n'est pas un art scénique, ni un spectacle. C'est un rite. C'est un geste qui convoque, qui éveille, qui attire la présence des dieux. Elle s'appelle *kagura* — la danse sacrée.

L'origine de la *kagura* est liée à l'un des mythes fondateurs les plus beaux du Shintoïsme : l'épisode où Amaterasu, la déesse du soleil, se cache dans une caverne après s'être sentie offensée et humiliée par son frère Susanoo. L'obscurité s'installe sur le monde. Le froid, le chaos et le silence dominent la terre. Les dieux, réunis, tentent en vain de la convaincre de sortir. Jusqu'à ce qu'une déesse, Ame-no-Uzume, décide de danser. Elle monte sur un tonneau, déchire ses vêtements, agite ses hanches, éclate de rire. Les dieux, surpris, rient. Le rire résonne. La curiosité éveille Amaterasu. Elle regarde à l'entrée de la caverne. Et, en voyant le reflet de sa lumière dans un miroir placé là, elle est séduite par sa propre beauté. Elle sort. Et avec elle, la lumière revient au monde.

Ce récit n'est pas une légende statique. C'est une clé spirituelle. Il montre que la joie, le mouvement, la sensualité et l'art ont un pouvoir de guérison, de convocation, de restauration de l'ordre. La danse d'Uzume n'était pas futile — elle était nécessaire. Et c'est pourquoi, en son hommage, et en l'honneur de la lumière qui se manifeste dans le corps en mouvement, est née la *kagura*.

Les danses sacrées du Shintoïsme ne sont pas des improvisations. Chaque pas, chaque inclinaison, chaque tour a une signification. Il n'y a pas de précipitation. La beauté réside dans la précision. Les bras bougent comme des branches au vent. Les mains décrivent des formes qui évoquent les cycles de la nature. Les pieds touchent le sol avec respect, comme pour éveiller la terre. Le rythme n'est pas frénétique. Il est méditatif. Et le corps devient, lui-même, un autel.

Il existe deux grands types de *kagura* : la *miko kagura*, dansée par les prêtresses — *miko* — à l'intérieur des sanctuaires, et la *sato kagura*, présentée lors de festivals et dans des espaces communautaires. La *miko kagura* est plus introspective, marquée par des gestes délicats, l'utilisation de clochettes manuelles (*suzu*), de branches de *sakaki* et de longues manches qui flottent comme des nuages. La danseuse n'exhibe pas d'émotion exagérée. Elle reste contenue, sereine, comme un canal qui s'ouvre au kami. Sa présence est prière en mouvement.

La *sato kagura*, quant à elle, est plus populaire et théâtrale. Elle inclut des masques, des tambours, des flûtes et des représentations dramatiques de mythes. Les danseurs y interprètent des épisodes comme le combat entre Susanoo et le dragon à huit têtes, ou la création des îles par le couple Izanagi et Izanami. La danse devient narration. Mais même ainsi, elle ne perd pas sa sacralité. Car même en mettant en scène, le but est d'invoquer. Attirer les dieux. Ouvrir l'espace à leur présence.

Lors des festivals, la *kagura* peut être présentée sur des scènes surélevées dans l'enceinte du sanctuaire, appelées *kagura-den*. Là, des musiciens jouent des instruments traditionnels comme le *taiko* (tambour), le *hichiriki* (flûte à anche double) et le *shō* (orgue à bouche qui émet des accords éthérés). La musique n'accompagne pas — elle conduit. Elle dicte le temps du geste, l'émotion de l'espace. Et les danseurs se meuvent en conformité avec ce flux sonore. Il n'y a pas de chorégraphie à admirer. Il y a un champ vibratoire à accéder.

Le public, quant à lui, n'assiste pas au sens occidental du terme. Il participe avec l'âme. Il s'ouvre à ce qui se passe. Il reconnaît que ce qui se déroule devant ses yeux n'est pas un spectacle, mais un pont. Beaucoup, en voyant la danse, ressentent des larmes sans raison apparente. D'autres, une chaleur soudaine. D'autres encore, un état de tranquillité profonde. La *kagura* agit sur l'invisible. Elle agit sur l'âme.

Dans certains sanctuaires anciens, notamment dans les régions montagneuses, existent des formes archaïques de *kagura* préservées depuis des siècles. Les danseurs y portent des masques faits de bois ou d'argile, qui représentent des kami, des animaux, des ancêtres. Les masques ne sont pas des accessoires. Ils sont des canaux. En les portant, le danseur cesse d'être lui-même. Il devient véhicule. Et dans cet état d'« oubli de soi », il permet au kami de se manifester. Le corps emprunté danse avec l'esprit qui habite l'air. Il n'est pas rare que ces danses durent des heures, traversent la nuit, se terminent à l'aube. Et à la fin, ce qui demeure n'est pas l'épuisement. C'est un champ purifié. Une communauté réunie. Un peuple à nouveau en harmonie avec le ciel et la terre. La *kagura*, ainsi, n'est pas un divertissement. C'est le maintien de l'ordre cosmique. C'est un service spirituel.

Ceux qui dansent la *kagura* ne le font pas par vanité. Il n'y a ni renommée, ni gloire. Il y a discipline. Il y a dévotion. L'entraînement est long. Il commence dans l'enfance, transmis oralement, par observation silencieuse, par répétition patiente. Les mouvements ne s'apprennent pas dans les livres. Ils s'apprennent par le corps. Et le corps apprend par l'écoute. Chaque muscle s'éduque à reconnaître le geste juste, le temps juste, le point exact où le kami peut entrer.

La *kagura* enseigne aussi que l'art n'est pas secondaire. Il est essentiel. Dans un monde qui valorise uniquement la raison, le calcul, la productivité, le Shintoïsme rappelle que le corps en état de beauté est un portail. Et que danser, lorsque c'est fait avec vérité, c'est prier avec tout le corps. La danse sacrée ne cherche pas de public. Elle cherche la présence. Présence d'esprit. Présence de kami. Présence de celui qui danse.

Dans de nombreux foyers, des versions simplifiées de la *kagura* sont pratiquées lors de dates spéciales. Des mères dansent pour remercier de la naissance de leurs enfants. Des anciennes dansent pour protéger leurs descendants. Hommes et femmes dansent ensemble autour du feu. Le cercle se forme. Et le temps se transforme. Car dans la danse, le temps n'est pas linéaire. Il tourne. Il revient à l'origine. Il refait le chemin de la lumière.

En réfléchissant à la *kagura*, on comprend que le Shintoïsme n'est pas une foi de mots. C'est une foi de gestes. De postures. De corps qui s'offrent en révérence. Et c'est pourquoi la danse occupe une place si élevée : elle unit ce qui est physique à ce qui est éthéré. Elle unit le muscle au mythe. Elle unit la sueur au sacré.

Ceux qui ont déjà été témoins d'une *kagura* véritable savent que quelque chose change. Même sans comprendre, ils sentent. Car là, entre le tambour qui pulse, le voile qui flotte, le regard qui se perd sur l'autel, là habite le kami. Et l'espace qui s'ouvre ne se referme pas si tôt. Il demeure. Et continue de danser à l'intérieur de celui qui l'a vu.

Le mouvement sacré de la *kagura* ne se termine pas avec la fin du rituel — il se prolonge dans les corps et les cœurs de ceux qui y ont assisté. Comme la réverbération d'une cloche, sa présence résonne à l'intérieur, ajustant les fréquences internes, éveillant des couches oubliées de la sensibilité humaine. Le geste qui semblait simple se révèle portail. La répétition des pas, un chemin de retour. Ce n'est pas une danse que l'on interprète — c'est une danse que l'on traverse. Et, en la traversant, l'individu se réaligne avec le rythme primordial de l'existence, celui qui pulse avant même le langage, et qui résonne encore aujourd'hui dans les sanctuaires où le temps est une spirale.

Cette dimension de la danse comme pont entre les mondes nous rappelle que le corps n'est pas un simple instrument : il est territoire de révélation. Dans la *kagura*, le corps devient miroir de la nature — tantôt léger comme le vent, tantôt ferme comme la montagne, tantôt fluide comme les rivières. Le danseur ne s'exhibe pas, il s'offre. Et dans cette offrande, il participe à une liturgie plus grande que lui-même. Lorsque le kami est accueilli par le geste pur, la danse ne représente pas seulement le sacré : elle le rend présent.

Ainsi, le rite ne se limite pas au sanctuaire. Il se propage dans le monde. Chaque personne touchée par la *kagura* emporte avec elle la mémoire vibrante de ce passage, et porte en elle l'étincelle du sacré qui a dansé devant ses yeux. Et c'est pourquoi la *kagura* reste vivante. Parce qu'elle ne dépend ni de l'audience, ni de la renommée, ni de l'enregistrement écrit. Elle dépend seulement d'un corps disponible, d'un espace consacré et d'une intention véritable. Tant qu'il y aura quelqu'un qui danse avec l'esprit du monde, tant qu'il y aura des pieds qui touchent le sol comme s'ils embrassaient la terre, la lumière qu'Amaterasu a ramenée ne s'éteindra jamais. Elle continuera de naître, non seulement dans le ciel, mais dans le cœur de chacun qui comprend que danser est, au fond, une manière de se souvenir de qui nous sommes.

Chapitre 14
Sons et Symboles

Il y a des lieux où il n'est pas nécessaire de dire quoi que ce soit. Où le son de la cloche qui résonne au vent suffit à apaiser l'esprit. Où la vue d'un arc rouge devant des arbres anciens suffit pour que le cœur reconnaisse la frontière entre le monde ordinaire et le monde des kami. Le Shintoïsme est une tradition où le langage ne se limite pas à la parole. Il s'étend aux sons, aux symboles, aux formes qui remplissent l'espace et façonnent l'atmosphère. L'invisible parle, et il le fait à travers la beauté.

Le son a du pouvoir. Dans le Shintoïsme, il ne sert pas seulement à remplir le silence, mais à l'éveiller. Le *suzu*, la petite cloche suspendue aux entrées des sanctuaires, n'est pas seulement décoratif. Il appelle le kami. Sa vibration éloigne les impuretés, rompt les couches de distraction et accorde l'âme à l'espace sacré. En arrivant à un sanctuaire, le visiteur agite la cloche avant de faire son offrande. C'est comme s'il disait : « Je suis ici. Éveillé. Présent. » Et le son métallique qui se répand dans l'air porte avec lui cette présence.

Le son des paumes frappées est également central. Frapper deux fois dans ses mains devant l'autel est plus qu'une tradition — c'est un geste rituel. Les paumes marquent le début de la communication avec les dieux. Elles tranchent la dispersion. Elles alignent le corps, l'esprit et l'âme. Elles éveillent le kami et le pratiquant. C'est un son sec, rythmé, qui réverbère non seulement dans l'air, mais dans l'âme. Et dans l'intervalle entre les frappes, s'installe le silence. Un silence qui n'est pas vide, mais plein. Plein de l'écoute.

Il y a aussi les tambours — *taiko* — qui annoncent les festivals, les danses et les processions. Leur son est grave, profond, corporel. Le tambour vibre dans la terre, dans le bois, dans le corps de celui qui le touche. C'est un son de naissance, de passage, d'invocation. Il marque le rythme de la vie communautaire et du rite collectif. Quand le *taiko* joue, personne ne reste indifférent. Il parle au corps avant de parler à l'intellect. Il invite à la participation.

La musique traditionnelle des rituels — le *gagaku* — combine des instruments comme le *shō*, le *hichiriki*, le *koto*, créant des paysages sonores qui ne mènent pas à des mélodies reconnaissables, mais à des états d'esprit. C'est une musique que l'on n'écoute pas seulement avec les oreilles, mais avec le corps entier. Elle réorganise l'espace intérieur. Ses notes longues, ses pauses, ses timbres rares, tout cela contribue à générer une atmosphère où le temps se dissout et où le kami peut s'approcher.

Mais ce n'est pas seulement le son qui communique. Les symboles visuels sont des portails silencieux. Le *torii*, avec sa forme simple de deux piliers verticaux reliés par deux traverses horizontales, est le symbole le plus emblématique du Shintoïsme. Il ne protège pas avec des barrières — il délimite par sa présence. En le franchissant, le visiteur entre dans un autre champ de réalité. Même si l'espace au-delà du *torii* semble identique à l'espace précédent, quelque chose change. Le corps le sait. L'âme le sait. Le *torii* ne ferme pas, mais ouvre. Et sa couleur, généralement rouge ou orange, n'est pas fortuite. C'est la couleur de la vie, de la protection, de la sacralité. Une couleur qui repousse le mal et invite à l'attention.

Un autre symbole récurrent sont les *shimenawa*, cordes tressées de paille de riz, suspendues dans des lieux sacrés — arbres anciens, pierres spéciales, portails. Elles indiquent qu'un kami y réside, ou que cet espace est une pure manifestation du sacré. Les bandes de papier blanc pendantes, appelées *shide*, tremblent au vent comme des langues silencieuses. Elles ne parlent pas, mais disent. Elles n'expliquent pas, mais pointent.

Les tenues rituelles sont également un langage symbolique. Le blanc des prêtres, des *miko*, des dévots en purification, n'est pas absence de couleur. C'est plénitude. C'est pureté. C'est le tissu qui reflète toute la lumière. Se vêtir de blanc, c'est se déclarer propre, disponible, réceptif. C'est ouvrir le corps au passage du kami. Le rouge des *miko* représente la vitalité, la protection, la fertilité. Les couleurs disent ce que les mots n'atteignent pas.

Il y a encore les *ofuda*, talismans de papier ou de bois consacrés dans les sanctuaires. Ils contiennent le nom du kami et sont placés à la maison, sur les *kamidana*, comme des prolongements de l'espace sacré. Ce ne sont pas des amulettes au sens superstitieux. Ce sont des présences. Ce sont des foyers d'énergie. Celui qui les maintient avec respect, qui les nettoie, qui les vénère, cultive non seulement la protection, mais la connexion.

Les *omamori*, petites amulettes en tissu portant des bénédictions spécifiques — pour la santé, les études, la protection en voyage, la fertilité — sont des moyens de garder le kami à proximité. Leur valeur ne réside pas dans l'objet, mais dans la relation qu'il représente. Le dévot le porte sur lui comme un rappel. Comme une ancre spirituelle. Comme un signe qu'il ne marche pas seul.

Il y a aussi les *ema*, petites plaques de bois où l'on écrit des vœux, des remerciements ou des engagements. Elles sont accrochées à des structures à l'intérieur des sanctuaires. Chacune porte la voix d'un cœur. Une demande de guérison. Un remerciement pour une victoire. Une espérance face à l'inconnu. Ensemble, les *ema* forment un chœur silencieux d'humanité. Et les kami lisent. Ils lisent non avec des yeux, mais avec présence.

Les *tamagushi*, branches de *sakaki* ornées de bandes de papier, sont offerts lors de cérémonies comme geste de révérence. La branche, verte, représente la vie. Le papier blanc, la pureté. L'acte de tourner la branche et de la déposer devant l'autel est un poème gestuel. Un mouvement qui dit : « J'offre le meilleur de moi-même. Avec beauté. Avec ordre. Avec abandon. »

Tout dans le Shintoïsme est symbole. Mais pas symbole comme représentation arbitraire. Symbole comme épiphanie. Comme révélation. Le monde n'a pas besoin d'être expliqué — il a besoin d'être honoré. Et les symboles sont la langue de cet honneur. Ils ne traduisent pas le sacré — ils le rendent accessible. Ce ne sont pas des signes externes — ce sont des chemins intérieurs. C'est pourquoi celui qui visite un sanctuaire, même sans savoir, même sans comprendre, sent. Quelque chose change. Quelque chose s'aligne. Car les symboles parlent directement à l'esprit. Ils dépassent les barrières de la langue, de la culture, de la croyance. Ils sont universels. Ils sont éternels. Ils sont vivants.

Le Shintoïsme enseigne que tout communique. Le son de la cloche. La courbure du toit. Le bambou qui ploie. La pierre couverte de mousse. Le papier qui danse au vent. L'espace entre deux *torii*. La manière dont le corps marche en s'approchant de l'autel. Tout est message. Tout est présence. Tout est kami.

Et lorsque le dévot, en silence, se laisse toucher par ces sons et symboles, il entre dans le champ de l'écoute profonde. Il apprend à lire le monde avec d'autres yeux. À écouter avec le cœur. À percevoir avec l'âme. Et dans cet état, chaque geste devient rite. Chaque espace, sanctuaire. Chaque instant, un appel.

Au milieu de cet univers de sons et de symboles, le pratiquant du Shintoïsme redécouvre la sensibilité comme forme de sagesse. Il ne cherche pas à comprendre avec l'esprit seulement, mais avec le corps entier, avec les sens ouverts, avec l'attention éveillée. Le rite ne l'isole pas du monde — il l'y réintroduit avec une autre écoute. La vibration du *suzu*, le battement du *taiko*, le dessin d'un *shide* tremblant au vent : chaque élément devient une invitation à être plus entier, plus présent, plus vrai. L'espace sacré n'est pas un autre monde. C'est ce monde, perçu avec délicatesse et révérence.

Cette présence sensible est ce qui permet au dévot de déchiffrer le silence plein des sanctuaires. Il n'est pas nécessaire de connaître tous les noms, ni de comprendre tous les gestes. Ce qui importe, c'est la disposition à sentir, à laisser l'âme répondre sans hâte à l'appel des symboles. Quand le corps s'incline, quand les mains se joignent, quand le regard se pose sur le *torii* avec respect, le pratiquant participe à un langage qui traverse le temps. Et c'est dans ce geste simple, mais plein, que le monde se réenchante — non par quelque chose qui s'ajoute, mais par ce qui se révèle. Le symbole, finalement, ne cache pas : il dévoile.

C'est pourquoi le Shintoïsme ne s'impose pas avec des dogmes, mais se révèle avec des gestes. Il n'exige pas une foi aveugle, mais une attention claire. Les sons et les symboles qui remplissent ses rites sont les témoignages d'une spiritualité qui n'a pas besoin d'être expliquée pour être vécue. Au contraire, moins on essaie de traduire, plus on comprend. Car le kami parle dans la langue du monde, et le monde parle à ceux qui sont disposés à écouter. La cloche, la corde, le papier, le bois — tout vibre à l'unisson avec l'esprit qui cherche. Et dans cette harmonie silencieuse, chaque son et chaque symbole deviennent passage. Deviennent présence.

Chapitre 15
Rites de Passage

L'existence n'est pas une ligne droite. Elle se dessine en cycles, en courbes, en spirales qui se répètent et se renouvellent avec subtilité. Dans le Shintoïsme, chaque étape de la vie humaine est accompagnée de rites qui non seulement marquent le temps, mais le consacrent. Ces moments, connus sous le nom de rites de passage (*tsūka girei*), ne sont pas des formalités sociales — ce sont des transitions spirituelles. Naissance, enfance, jeunesse, mariage, longévité : chacun de ces jalons est célébré avec révérence, car chacun représente un changement d'état, un renouvellement de la présence divine dans l'individu et dans la communauté.

Le premier de ces rites est le *hatsumiyamairi*, la première visite du nouveau-né au sanctuaire. Réalisé généralement le trente-et-unième jour de vie pour les garçons et le trente-troisième pour les filles, ce rituel marque l'introduction formelle du bébé au monde spirituel. Il est emmené par ses parents et grands-parents au sanctuaire local, vêtu de vêtements traditionnels, entouré de tendresse et d'attente. Le prêtre réalise une brève cérémonie devant l'autel, offrant des prières aux kami, demandant protection, santé, croissance harmonieuse. L'enfant ne comprend pas avec l'esprit, mais son âme reconnaît le geste. À partir de ce jour, il est reconnu par les dieux comme faisant partie de la communauté humaine. Et sa vie, encore à ses premiers jours, s'entrelace déjà au fil invisible du sacré. Le *hatsumiyamairi* n'est pas seulement pour le bébé — c'est aussi un rite pour les parents. Il marque le début d'une nouvelle phase, avec responsabilités, joies et défis. La visite au sanctuaire est une manière de déclarer : « Nous ne sommes pas seuls. Nous sommes trois maintenant. Et nous cherchons à cheminer avec les dieux. » Le sanctuaire, quant à lui, accueille cette nouvelle vie avec douceur. Il n'exige rien — seulement la présence.

Au fil des ans, l'enfant grandit. Et vers trois, cinq et sept ans, se déroule un autre rite fondamental : le *Shichi-Go-San*, littéralement « sept-cinq-trois ». Lors de cette cérémonie, les enfants revêtent des tenues traditionnelles — kimonos colorés, *hakama*, ceintures de soie — et visitent le sanctuaire pour remercier de la santé reçue jusqu'alors et demander des bénédictions pour le prochain cycle de croissance. Les garçons sont emmenés au temple à trois et cinq ans ; les filles, à trois et sept ans. C'est un moment de beauté visible, de joie partagée, mais aussi de profonde signification spirituelle. L'enfance n'est pas vue comme un intervalle, mais comme une partie sacrée du chemin. Et chaque année vécue est digne de célébration.

Pendant le *Shichi-Go-San*, les enfants reçoivent des *chitose-ame*, de longs bonbons emballés dans du papier décoré d'images de grues (*tsuru*) et de tortues — symboles de longévité. Le nom signifie « bonbon des mille ans », exprimant le souhait que la vie de l'enfant soit longue, prospère et heureuse. Plus qu'un cadeau, c'est une offrande sous forme de douceur. La douceur que l'on souhaite pour le destin.

En atteignant la jeunesse, de nouveaux rites marquent la transition de l'individu. Bien que le Shintoïsme n'ait pas de rituel fixe pour la majorité, la cérémonie du *seijin shiki*, réalisée à vingt ans, est profondément influencée par la sensibilité spirituelle japonaise. Les jeunes y sont reconnus comme membres à part entière de la société, assument des responsabilités et réaffirment leur engagement envers la communauté. Beaucoup choisissent de visiter le sanctuaire ce jour-là, pour remercier du cycle de l'enfance et demander la sagesse pour les nouveaux chemins. Les jeunes filles portent des *furisode* — kimonos aux manches longues et élaborées — et les jeunes hommes revêtent des costumes ou des *hakama* cérémoniels. La journée est marquée par la fierté, la beauté, l'introspection. C'est la jeunesse devant l'autel, non en quête de fête, mais de direction.

Parmi tous les rites de passage, peut-être aucun n'est aussi enveloppé de symbolisme que le *shinzen kekkon*, le mariage devant les dieux. Cette cérémonie unit non seulement deux individus, mais deux lignées, deux histoires, deux chemins de vie. Le couple, vêtu de tenues formelles — la mariée en blanc absolu, le marié en *hakama* sombre — est conduit à l'autel du sanctuaire. Là, devant le prêtre et leurs familles, le rite est accompli. Il n'y a pas d'extravagance. Il y a de l'ordre. Il y a une beauté contenue. Il y a de la révérence.

Pendant le mariage, le couple réalise le rituel du *san-san-kudo* — trois gorgées de saké, répétées trois fois, totalisant neuf gorgées. Le chiffre trois représente la continuité, le neuf la plénitude. Chaque gorgée est plus qu'un geste : c'est un vœu silencieux de communion, de partage, de présence. Le saké est symbole de vie, de la fermentation qui transforme le simple en sacré. Et en buvant ensemble, les mariés scellent non seulement un contrat, mais une promesse invisible. Les kami témoignent. Et à la fin de la cérémonie, le couple s'incline devant l'autel comme s'il s'offrait mutuellement devant le cosmos.

Plus tard dans la vie, les rites de passage ne cessent pas. Le vieillissement est également célébré. À l'anniversaire des soixante ans, on réalise le *kanreki*, qui marque le retour au cycle zodiacal originel et symbolise la renaissance spirituelle. À soixante-dix, soixante-dix-sept, quatre-vingts et quatre-vingt-huit ans, de nouvelles célébrations ont lieu, connues sous les noms de *kiju*, *shichiju-shichi*, *beiju* et *hachi-ju-hachi*. Chacune d'elles n'est pas seulement un décompte du temps. C'est la reconnaissance que la vie se prolonge, que les dieux soutiennent, que le corps peut vieillir, mais que l'esprit devient de plus en plus raffiné. Lors de ces rites de longévité, la famille se réunit. Les enfants et petits-enfants honorent les plus âgés. Et la gratitude se manifeste sous forme de cadeaux, de prières, de mots, de repas préparés avec attention. L'aîné est vu comme un lien entre les générations, comme une présence ancestrale vivante. Et en étant honoré, il transmet aussi des bénédictions. Non par des discours, mais par le regard. Par la sagesse silencieuse de celui qui a vécu et est resté le cœur pur.

Il est important de noter que, bien que le Shintoïsme célèbre intensément la vie, la mort, en revanche, est traitée avec discrétion. Parce qu'elle porte l'énergie de l'impureté, le *kegare*, les rites funéraires sont traditionnellement associés au Bouddhisme, qui traite de l'au-delà, de la renaissance et de la souffrance. Le Shintoïsme, en se centrant sur le présent, l'ici et maintenant, la pureté et la continuité, se concentre sur la célébration de ce qui pulse encore. Néanmoins, les morts ne sont pas oubliés. Ils sont vénérés comme ancêtres, comme kami qui continuent d'influencer le monde des vivants. Mais le deuil, les funérailles, le contact avec le corps sans vie — ces domaines sont traités avec retenue, éloignés des sanctuaires pour préserver le champ de pureté.

Chaque rite de passage dans le Shintoïsme est donc un moment de réintégration. Réintégration de l'individu au cycle plus large de l'existence. Réintégration de la communauté à son axe spirituel. Réintégration de la vie au flux des kami. Rien n'est fait par hasard. Rien n'est gratuit. Chaque geste est cousu avec soin. Chaque mot est psalmodié avec intention. Chaque offrande est expression de gratitude.

Vivre selon le Shintoïsme, c'est apprendre à percevoir ces jalons comme des points de transition spirituelle. Non seulement des anniversaires ou des cérémonies familiales, mais des instants où le temps s'ouvre. Et quand le temps s'ouvre, les dieux passent. Ils n'entrent pas avec fracas — ils entrent avec un vent léger. Et si l'âme est attentive, elle sent. Et répond.

Ces rites de passage révèlent que, dans le Shintoïsme, la vie est célébrée dans son intégralité, comme un chemin qui mérite attention à chaque pas. Chaque cycle n'est pas traité comme répétition, mais comme un approfondissement — une plongée plus sensible dans l'expérience d'exister. Le temps, en ces moments, ne court pas : il se suspend. Et dans cet intervalle ouvert entre hier et demain, s'installe le maintenant sacré. Le sanctuaire, en recevant un nouveau-né ou un ancien, en témoignant d'un vœu d'amour ou d'un remerciement juvénile, se transforme en un miroir de la vie dans sa forme la plus pure. En lui, l'humain trouve un lieu pour être, simplement être, et être pleinement.

Ces cérémonies, même dans leur simplicité, portent une profondeur qui touche l'invisible. En réunissant les générations dans un même geste, les rites construisent un pont entre ce qui fut, ce qui est et ce qui viendra. Ils restaurent le sens d'appartenance et de continuité, connectant l'individu à sa lignée, à sa terre, à ses dieux. Et bien qu'ils soient marqués par des formalités, par des tenues, par des objets symboliques, leur véritable pouvoir réside dans l'intention qui les habite. C'est dans la révérence silencieuse, dans le pas contenu, dans l'offrande sincère que le rite remplit son rôle.

Le Shintoïsme enseigne ainsi qu'il ne s'agit pas seulement de passer par la vie, mais d'y marquer sa présence — avec respect, avec légèreté, avec conscience. Et peut-être est-ce là le plus grand enseignement de ces rites : vivre est sacré. Non parce que la vie est parfaite, mais parce qu'elle pulse, change, insiste. Et à chaque changement, le Shintoïsme dresse un autel. Un autel qui peut être un sanctuaire, mais peut aussi être le giron d'une grand-mère, le contact de mains qui s'unissent, le silence qui précède une prière. Dans ces passages, il n'y a pas de promesses d'éternité — il y a la reconnaissance de la beauté éphémère de l'instant. Et cela suffit. Car là où il y a présence véritable, les kami s'approchent. Et là où les kami passent, la vie s'allume.

Chapitre 16
Le Chemin de la Famille

Le foyer, dans le Shintoïsme, n'est pas seulement un espace de convivialité. C'est un champ sacré où les kami se rendent présents quotidiennement. La famille, dans sa configuration la plus simple ou la plus large, est perçue comme une cellule spirituelle — un microcosme où les valeurs d'ordre, de révérence et de continuité sont cultivées comme des offrandes silencieuses. Il ne s'agit pas d'une idéalisation morale. Il s'agit d'une réalité spirituelle : là où il y a des liens vécus avec respect, où il y a mémoire des ancêtres, où il y a des gestes de gratitude, là le sacré s'établit avec naturel.

Le Shintoïsme n'impose pas de dogmes familiaux, ne légifère pas sur des structures fixes. Il reconnaît ce qui est vivant, ce qui est relationnel, ce qui est ancestral. Chaque famille est un lien entre passé et futur, entre le monde visible et les mondes invisibles. Les parents ne sont pas seulement des gardiens — ils sont transmetteurs d'esprit. Les enfants ne sont pas seulement des individus en formation — ils sont des extensions de la lignée, porteurs du souffle sacré qui vient des ancêtres. Et les grands-parents, par leur présence silencieuse, sont les piliers qui soutiennent la verticalité du temps. À travers eux, la mémoire ne meurt pas. Elle se transforme en sagesse.

Le culte des ancêtres est l'une des pratiques les plus intimes et constantes dans le quotidien shintoïste. Même si, dans de nombreux cas, il est également réalisé à travers des rites bouddhistes, son esprit est profondément shinto : honorer ceux qui sont venus avant, reconnaître que la vie ne commence pas en soi, mais continue à travers soi. Dans de nombreuses maisons, il y a de petits autels — *kamidana* et *butsudan* — qui coexistent, dédiés aux dieux et aux ancêtres. Ces espaces ne se font pas concurrence. Ils se complètent. Le kami et l'ancêtre partagent le même champ de présence. Tous deux sont sources de protection, d'inspiration, de lien spirituel.

Les ancêtres ne sont pas des figures lointaines. Ils sont présents lors des repas en famille, aux dates commémoratives, dans les histoires racontées aux petits-enfants, sur les photographies conservées avec soin. Lors de festivals comme l'*Obon*, on célèbre le retour temporaire des esprits ancestraux sur terre. Les familles se réunissent, nettoient les tombes, allument des lanternes pour guider les esprits et les reçoivent avec nourriture, musique et révérence. Il n'y a pas de tristesse. Il y a des retrouvailles. La séparation entre vivants et morts n'est pas définitive — elle est seulement de forme. L'esprit demeure. Et là où il est rappelé avec amour, il continue d'agir.

La famille est aussi le lieu où l'on apprend la valeur du *wa* — l'harmonie. Cette harmonie n'est pas l'absence de conflit, mais la disposition à respecter l'ordre naturel des choses. Le plus âgé n'impose pas — il oriente. Le plus jeune ne se soumet pas — il apprend. Chaque rôle est vu comme une fonction spirituelle, non comme une hiérarchie autoritaire. La mère, en préparant un repas avec attention, offre plus que de la nourriture — elle cultive la présence. Le père, en maintenant l'espace propre et sûr, préserve le champ où habite le kami. Les enfants, en apprenant à remercier, à saluer, à prendre soin des objets, sont initiés au chemin du sacré.

Les rituels familiaux n'ont pas besoin de formalité pour être authentiques. La visite conjointe au sanctuaire au début de l'année. Le moment de silence devant l'autel avant de dormir. La pratique de saluer le soleil le matin. Le partage des aliments avec une brève prière. Tout cela sont des actes de dévotion vécus en communauté intime. Le foyer devient ainsi une extension du temple. Et la vie familiale, une expression continue de la spiritualité.

L'éducation des enfants dans l'esprit du Shintoïsme ne se fait pas par imposition. Elle se produit par l'exemple. En voyant les parents s'incliner devant l'autel, en participant aux nettoyages du temple, en revêtant un kimono cérémoniel avec soin, l'enfant internalise des valeurs qui vont au-delà des mots. Il apprend que le monde est habité par des présences. Que le respect n'est pas une règle — c'est un mode d'être. Que la gratitude n'est pas une exigence — c'est une réponse naturelle au don de la vie.

Même dans les temps modernes, où les structures familiales se diversifient, le Shintoïsme continue d'offrir un champ spirituel capable d'accueillir de nouvelles formes de convivialité. Ce qui importe n'est pas la configuration, mais la qualité des relations. Là où il y a soin, écoute, respect, là le kami demeure. La famille, plus qu'un concept juridique ou culturel, est une vibration. Et là où cette vibration résonne avec harmonie, le sacré se manifeste.

Le mariage, par exemple, n'est pas vu seulement comme l'union entre deux individus, mais entre deux lignées. Les rites matrimoniaux shintoïstes reconnaissent qu'en s'unissant, les mariés intègrent aussi leurs ancêtres, leurs kami protecteurs, leurs histoires. La nouvelle famille ne naît pas de zéro — elle est la continuation de nombreux cycles qui se rencontrent. Et c'est pourquoi, en établissant un foyer, de nombreux couples installent leur *kamidana*, initient leurs propres pratiques dévotionnelles, prennent soin de transmettre aux enfants le sens de la révérence et de la gratitude.

La naissance d'un enfant, comme vu dans les rites de *hatsumiyamairi*, est un motif de grande célébration spirituelle. La famille entière s'implique. Et la croissance de cet enfant est accompagnée de cérémonies qui marquent non seulement le passage du temps, mais l'éclosion de l'esprit. Chaque année vécue est célébrée comme une conquête de la vie, comme une grâce des kami, comme une victoire de la continuité.

Le soin apporté aux personnes âgées reflète également cette conscience. Elles ne sont pas écartées, ni rendues invisibles. Elles sont honorées comme des miroirs vivants du passé. Leurs histoires, leurs gestes, leurs bénédictions silencieuses — tout cela est source d'apprentissage et de force. La maison où vit un ancien est vue comme un espace sacré. Et quand il part, sa présence ne se dissout pas. Elle se transforme en kami familial. Devient gardien invisible de la lignée. Et chaque fois qu'on se souvient de lui, son esprit se renforce. Il vit.

Le chemin de la famille, par conséquent, n'est pas seulement un parcours humain. C'est un voyage spirituel. Il exige attention, présence, disposition au soin. Mais il offre, en retour, la sensation d'appartenance la plus profonde que l'on puisse expérimenter. Savoir que l'on n'est pas seul. Que l'on fait partie de quelque chose de plus grand. Qu'il y a des fils invisibles reliant les générations. Qu'il y a une continuité silencieuse soutenant chaque geste.

Vivre le Shintoïsme en famille, c'est permettre à la spiritualité de s'infiltrer dans les moments les plus ordinaires : en lavant la vaisselle, en pliant les vêtements, en rangeant la maison, en partageant un repas simple. C'est transformer le quotidien en liturgie. Le foyer en autel. La relation en prière. Et dans ce mode de vie, les dieux ne sont pas seulement des entités distantes. Ils deviennent membres de la maison. S'assoient à table. Observent avec tendresse. Protègent avec fermeté.

Cette spiritualité qui imprègne le quotidien familial ne s'appuie pas sur de grandes révélations ou des moments extraordinaires. Elle naît du geste répété avec conscience, de l'écoute silencieuse, du respect mutuel cultivé jour après jour. Le Shintoïsme, en reconnaissant le sacré dans le flux ordinaire de la vie, enseigne que la divinité n'est pas distante, mais immanente — cachée dans l'affection avec laquelle on prépare un repas, dans le soin avec lequel on accueille un parent malade, dans le silence respectueux devant une photographie ancestrale. Tout ce qui est fait avec un cœur éveillé devient offrande. Et tout ce qui est vécu avec gratitude resserre les liens entre les mondes.

Le foyer, en ce sens, devient un espace de continuité non seulement biologique, mais spirituelle. La transmission des valeurs ne se fait pas par des règles, mais par imprégnation affective. L'enfant qui observe les adultes vénérer les plus âgés, qui grandit en écoutant des histoires chargées de respect et d'humour, qui participe aux petites célébrations domestiques avec enchantement, absorbe une vision du monde où tout a une âme, où tout est interconnecté. Ainsi, le foyer cesse d'être seulement un abri et se transforme en un champ de formation de la sensibilité, où la révérence ne s'enseigne pas — elle se vit. Et c'est en vivant ainsi, avec présence, simplicité et esprit de communion, que la famille devient miroir du cosmos. Ses cycles reflètent les cycles de la nature ; ses joies et ses deuils reflètent les flux de l'univers. Rien ne se perd quand on s'en souvient avec amour. Aucun geste n'est petit quand il naît du soin. Et dans cet entrelacement entre générations, entre visible et invisible, entre l'humain et le divin, se manifeste la véritable force de la lignée : non comme fardeau, mais comme bénédiction. Non comme passé, mais comme continuité.

Chapitre 17
Harmonie Communautaire

Il existe une force silencieuse qui soutient la cohésion entre les personnes, qui maintient les voisins unis, les communautés vivantes, les traditions préservées. Cette force ne naît pas de lois ou de structures politiques. Elle jaillit de l'expérience partagée du sacré. Dans le Shintoïsme, cette force s'appelle l'harmonie communautaire, et elle s'enracine dans la relation entre les kami et le peuple qui les vénère. Chaque quartier, chaque village, chaque ville, même au milieu de la modernité, porte en son cœur un sanctuaire — et y habite le kami protecteur de cette collectivité, l'*ujigami*.

L'*ujigami* n'est pas un dieu générique. Il est spécifique. Il vit parmi le peuple. Il marche dans les mêmes rues, observe les mêmes champs, bénit les mêmes foyers. Il n'est pas seulement vénéré — il fait partie de la communauté. Cette relation directe entre kami et groupe social est ce qui différencie le Shintoïsme de nombreuses traditions spirituelles. Ici, le divin ne s'éloigne pas du monde — il s'y insère. Et c'est de cette insertion que naît le profond sentiment d'appartenance, le sentiment de faire partie de quelque chose de plus grand, de vivant et d'invisible.

Le sanctuaire local n'est pas seulement un espace de prière. Il est le centre gravitationnel de la vie communautaire. C'est là que se déroulent les rituels saisonniers, les mariages, les bénédictions de naissances, les remerciements pour les récoltes. C'est là que l'on cherche protection en temps d'épidémies, de catastrophes naturelles ou de crises sociales. Et c'est là aussi que l'on célèbre la joie des rencontres, la force du groupe, la continuité de la tradition. La présence constante du sanctuaire et de son kami favorise la stabilité. Il ne parle pas, mais oriente. Il n'impose pas, mais soutient.

Pendant les *matsuri*, ce lien entre kami et communauté devient visible et vibrant. Les rues se remplissent de couleurs, de musique et de mouvement. Enfants, jeunes, adultes et anciens participent ensemble. Chacun a sa fonction : porter le *mikoshi*, préparer les aliments, nettoyer les espaces, organiser les décorations, réciter des prières, danser, chanter. Le festival n'est pas produit — il est vécu. C'est l'expression du corps collectif en harmonie avec le spirituel. Le kami, à ce moment, n'est pas seulement sur l'autel — il est porté dans les rues, il voit les visages, il entend les voix. Et la communauté ressent sa présence.

Cette expérience partagée du sacré génère des liens qui ne dépendent pas des affinités personnelles. Des personnes différentes, d'âges, de professions et de visions du monde distinctes, deviennent partie du même flux. Non par imposition, mais par tradition. Tous savent que ce kami appartient à tous. Et cela suffit à créer une base solide de convivialité. Le respect mutuel grandit, non par peur de la punition, mais par conscience de la présence divine qui observe tout. La honte d'échouer envers l'autre naît de la gratitude, non du châtiment. Et c'est cette honte saine — ce sens de responsabilité collective — qui maintient l'ordre social.

Même dans les grandes villes, où le rythme frénétique semble engloutir le silence, le Shintoïsme trouve des moyens de rester présent. Petits sanctuaires entre hauts immeubles, *torii* cachés dans des rues animées, espaces de purification dans des zones industrielles — tout cela est expression de la résistance spirituelle. Les kami demeurent. Et ceux qui se souviennent d'eux, même au milieu de la précipitation, cultivent un lien qui les sauve de la fragmentation. Le simple acte de s'arrêter devant un autel, d'incliner la tête, de frapper deux fois dans ses mains et de faire silence un instant, réintroduit l'individu dans le corps collectif. Il n'est pas seul. Il appartient.

Dans les villages, cette connexion est encore plus visible. Le sanctuaire est le centre de la vie. Les décisions importantes y sont discutées. Les crises sont portées à l'autel. Les cycles de la terre — plantation, croissance, récolte — sont rythmés par des rites. On ne commence pas un chantier sans bénédiction. On n'ouvre pas une route sans prière. On n'inaugure pas un pont sans purification. Le kami n'est pas une formalité. Il est présence. Et cette présence donne sécurité, donne sens, donne continuité.

En temps de catastrophes naturelles, comme les tremblements de terre et les tsunamis, de nombreux Japonais trouvent dans le sanctuaire non seulement un abri physique, mais un axe spirituel. C'est là qu'ils pleurent les morts, qu'ils remercient pour leur survie, qu'ils se relèvent en silence. Le kami, en ces heures, ne promet pas de solutions magiques. Mais sa permanence offre du réconfort. Il est là. Il a vu. Il demeure. Et avec cela, le peuple demeure aussi.

Cette dimension communautaire du Shintoïsme dépasse la religion. Elle façonne le mode de vie. Les écoles, par exemple, célèbrent les anniversaires de fondation par des rites au sanctuaire local. Les entreprises organisent des visites rituelles au début de l'année fiscale. Les sports, les événements culturels, les inaugurations publiques — tout peut avoir une dimension cérémonielle. Le kami est reconnu comme faisant partie du voyage. Et ce faisant, la collectivité renforce son sens d'identité.

Le Shintoïsme, en promouvant cette harmonie communautaire, n'exige pas l'uniformité. Il respecte la diversité, mais invite à la convivialité. Les kami locaux ne se font pas concurrence. Ils dialoguent. Chaque communauté cultive son propre dieu, mais reconnaît et respecte le dieu du voisin. Et lorsque nécessaire, elles s'unissent lors de festivals inter-sanctuaires, scellant des alliances spirituelles qui se reflètent dans la politique, l'économie et la culture. La foi n'est pas isolée — elle est interconnectée.

Ce modèle peut inspirer le monde moderne, si marqué par la fragmentation, la compétition et l'individualisme. Le Shintoïsme montre qu'une société peut être cohérente non par la force, mais par la révérence. Qu'un peuple peut être uni non par la peur, mais par la gratitude. Que l'espace commun, lorsqu'il est reconnu comme sacré, devient territoire de paix.

L'harmonie communautaire ne naît pas du hasard. Elle est cultivée. Elle requiert du temps, de la répétition, du dévouement. Les jeunes doivent être inclus. Les anciens, valorisés. Les différences, respectées. Le kami observe tout. Et là où il y a un effort sincère pour maintenir le *wa* — l'harmonie — il demeure. Là où il y a égoïsme, il s'éloigne. Mais là où il y a collaboration, où il y a beauté, où il y a soin de l'autre, il sourit. Et sa présence devient bénédiction.

Dans le Shintoïsme, la communauté n'est pas seulement une somme d'individus. Elle est un corps vivant, une entité spirituelle, une extension de la volonté divine. Et en préservant ses rites, ses espaces, ses symboles et ses valeurs, ce corps se maintient en bonne santé. Il respire, il danse, il célèbre. Il se refait à chaque cycle. Et dans ce flux continu, le kami marche à ses côtés, invisible, mais présent.

La véritable force de l'harmonie communautaire réside dans sa capacité à traverser le temps sans perdre son sens. Elle n'exige pas que tous pensent pareil, ni que tous agissent de la même manière, mais demande une écoute mutuelle, une disposition à partager l'espace, le temps et le soin. Le kami qui habite le sanctuaire local est le même qui transite discrètement entre les maisons, qui inspire le geste solidaire, qui soutient le lien entre ceux qui sont déjà partis et ceux qui viendront. Et ainsi que le rituel répète les pas des anciens avec de nouvelles intentions, la communauté se réinvente aussi sans perdre ses racines.

Cette réinvention continue est ce qui fait de l'harmonie communautaire une pratique vivante. Quand un enfant participe pour la première fois à un festival, portant une petite offrande ou revêtant une tenue cérémonielle, il ne fait pas que jouer ou suivre un protocole — il est accueilli par l'esprit du lieu. Quand un ancien est invité à raconter des histoires devant le sanctuaire, il ne fait pas que se remémorer — il renforce l'âme collective. Chaque personne, en occupant son rôle avec présence et respect, contribue à la trame invisible qui soutient le bien commun. Et c'est dans cet entrelacement généreux que le kami trouve demeure.

C'est pourquoi, même face aux changements du monde, l'harmonie communautaire demeure une valeur essentielle. Elle ne s'oppose pas à la modernité — elle l'équilibre. Elle n'exige pas un retour au passé — elle invite à la continuité consciente. Dans chaque village, ville ou métropole où la présence divine est encore reconnue dans le geste humain, le Shintoïsme fleurit silencieusement, soutenant des ponts entre les personnes, entre le visible et l'invisible. Et tant qu'il y aura des mains disposées à prendre soin du commun, à écouter avec respect, à célébrer avec gratitude, là le kami demeurera — non comme légende, mais comme réalité vivante.

Chapitre 18
Vertus du Cœur

Le Shintoïsme n'impose pas une morale codifiée. Il ne présente pas de listes de péchés, ne dicte pas de comportements universels, ne menace pas de punitions éternelles. À la place, il offre au pratiquant un chemin plus subtil, plus intérieur, plus vrai : la culture des vertus du cœur. Ce ne sont pas des normes. Ce sont des qualités. Elles ne s'apprennent pas par des impositions externes, mais se développent par la sensibilité, par la répétition des gestes, par le contact avec le sacré. Le Shintoïsme enseigne que bien vivre, c'est vivre avec sincérité, pureté, respect et droiture — non par peur, mais par affinité avec les kami.

Au centre de cette éthique se trouve le concept de *makoto*, un mot qui échappe à une traduction exacte. *Makoto* est sincérité, mais c'est aussi vérité, pureté d'intention, honnêteté essentielle. C'est le cœur sans déguisement, l'action sans calcul, la parole sans masque. Un acte réalisé avec *makoto* n'a pas besoin d'être parfait — il a besoin d'être vrai. C'est pourquoi, dans les rituels shintoïstes, la forme peut varier, mais la sincérité est indispensable. Les dieux ne sont pas impressionnés par des gestes mécaniques. Ils répondent à l'intention, au sentiment silencieux qui vibre derrière le geste. Et ce sentiment est ce qui connecte l'humain au divin.

Makoto est une vertu active. Ce n'est pas de la passivité, ni de la naïveté. C'est une posture intérieure d'ouverture, de clarté, de présence. C'est agir selon sa propre conscience, sans trahir les valeurs qui unissent l'individu à l'ordre naturel. La personne qui vit avec *makoto* n'a pas besoin de justifier ses actions. Sa présence transmet la confiance. Sa parole a du poids. Son silence a de la densité. Et sa vie devient, peu à peu, une offrande.

À côté de cette sincérité fondamentale, le Shintoïsme valorise profondément la pureté — non seulement au sens physique, mais surtout spirituel. La pureté, ici, est la capacité de maintenir le cœur léger, l'esprit limpide, le corps en harmonie avec l'environnement. C'est pourquoi on parle tant de purification. Le *misogi*, le *harae*, les bains, les rites silencieux, tout pointe vers ce nettoyage de l'être. Il ne s'agit pas d'écarter le mal moral — mais d'enlever ce qui trouble, ce qui pèse, ce qui bloque le passage de l'énergie vitale. Un cœur pur n'est pas celui qui ne se trompe jamais — c'est celui qui se permet de se renouveler.

La pureté, dans le Shintoïsme, est cyclique. Elle se perd et se récupère. Il n'y a pas de culpabilité, pas de châtiment. Il y a conscience. Quand quelqu'un perçoit qu'il s'est éloigné de la légèreté, il cherche la purification. Et en se purifiant, il retrouve son centre. C'est un processus continu, silencieux, humble. Et c'est en lui que se forge le caractère.

La troisième vertu qui soutient le chemin shintoïste est le respect — non comme formalité, mais comme reconnaissance de la valeur sacrée de tout ce qui existe. Respecter l'autre, c'est respecter les kami qui l'habitent. Respecter la nature, c'est reconnaître que chaque pierre, chaque arbre, chaque goutte d'eau est présence divine. Respecter la tradition, c'est honorer ceux qui sont venus avant, ceux qui ont transmis les rites, ceux qui ont préservé les symboles. Et se respecter soi-même, c'est prendre soin de son propre corps, de sa propre parole, de son propre esprit. Au Japon, ce respect se manifeste dans les gestes quotidiens. Dans la manière de tendre un objet à deux mains. Dans la façon d'incliner le corps devant un autel, un ancien, un invité. Dans le soin apporté à l'environnement public, au silence d'autrui, à l'esthétique des espaces. Tout cela naît non pas d'un code civil, mais d'une éthique spirituelle. Le respect n'est pas imposé. Il est cultivé comme une fleur rare — avec patience, constance, et attention aux détails.

La quatrième vertu, inséparable des précédentes, est la droiture. Non une droiture inflexible, mais la fermeté de celui qui aligne sa vie sur les rythmes de l'univers. La personne droite est celle qui ne cède pas à l'égoïsme, qui ne se laisse pas corrompre par le désir immédiat, qui maintient sa direction même face aux difficultés. Elle n'est pas rigide — elle est enracinée. Et c'est pourquoi elle peut être flexible sans se perdre. Dans le Shintoïsme, la droiture est silencieuse. Elle n'a pas besoin d'être proclamée. Elle se révèle dans les actes. Dans l'honnêteté avec laquelle on travaille. Dans l'intégrité avec laquelle on prend soin de sa famille.

Dans la sobriété avec laquelle on affronte le deuil. Dans le courage avec lequel on reconnaît l'erreur. La personne droite ne vit pas pour plaire aux autres, mais pour maintenir vivante la flamme du *magokoro* — le cœur véritable. Et ce cœur ne dévie pas, car il n'est pas attaché à des intérêts, mais au sens profond de la vie.

Ces quatre vertus — *makoto*, pureté, respect et droiture — ne sont pas des idéaux inatteignables. Ce sont des pratiques. Ce sont des chemins quotidiens. Ce sont des manières de s'approcher des kami, non par des rituels complexes, mais par la qualité de la présence. Et celui qui les cultive, même sans mots, même en silence, transforme le monde autour de lui.

Dans l'éducation des enfants, ces vertus sont transmises dès le plus jeune âge. Non par imposition, mais par exemple. L'enfant qui voit ses parents vénérer les dieux, qui participe aux rituels de nettoyage, qui apprend à remercier avant le repas, apprend dès son plus jeune âge que la vie est un don. Et que vivre avec beauté est une manière de rendre ce don.

La société japonaise, façonnée par des siècles d'influence shintoïste, préserve encore aujourd'hui de nombreux traits de ces vertus. Le sens de l'ordre dans les espaces publics. La responsabilité partagée dans les communautés. La valorisation de l'esthétique. La délicatesse dans les interactions. Tout cela est expression de la spiritualité quotidienne. Et même si beaucoup ne se déclarent pas religieux, ils vivent l'esprit du Shintoïsme dans leurs gestes.

Dans un monde où les mots sont nombreux et les actions, rares, le Shintoïsme offre un chemin différent. Il n'exige pas que l'on croie — il exige que l'on vive avec attention. Il ne promet pas de paradis — il offre l'harmonie. Il ne définit pas le péché — il pointe vers la disharmonie intérieure. Et ce faisant, il invite l'être humain à regarder à l'intérieur. À écouter sa propre respiration. À s'aligner sur les cycles de la nature. À reconnaître le divin qui vibre en tout.

La honte, dans ce contexte, n'est pas punition. C'est une boussole. Quand quelqu'un agit contre les vertus du cœur, il ressent de la honte — non parce qu'il a été jugé, mais parce qu'il sait qu'il s'est écarté de l'harmonie. Cette honte est discrète, mais efficace. Elle oriente. Elle corrige. Et c'est pourquoi le système éthique du Shintoïsme est, à la fois, léger et profond. Il n'emprisonne pas — il libère.

Le monde moderne, si marqué par les exigences externes, par les conflits moraux, par les polarisations, peut trouver dans le Shintoïsme un soulagement. Non comme réponse toute faite, mais comme invitation. Une invitation à ralentir. À se taire. À prêter attention. À vivre avec plus de vérité, avec plus de légèreté, avec plus de révérence. Car, au final, ce que les dieux désirent, ce n'est pas la perfection. C'est la sincérité. Et cette sincérité commence par la culture des vertus du cœur. Par le simple, par le réel, par ce qui pulse à l'intérieur de chaque être.

Vivre avec les vertus du cœur est donc un exercice de présence. Il ne s'agit pas d'adhérer à une doctrine, mais de développer une écoute plus fine pour son propre ressenti et pour le rythme subtil du monde. Le pratiquant qui chemine attentif à cet appel commence à percevoir que chaque moment offre une opportunité d'exprimer sincérité, pureté, respect ou droiture. De la manière de saluer quelqu'un à la façon de gérer une erreur commise, tout devient une chance de s'accorder avec l'invisible. Sur ce chemin, l'erreur n'est pas un échec, mais une occasion de retour. Et la vertu n'est pas une médaille, mais une manière d'être au monde.

Cette dimension silencieuse et naturelle de l'éthique shintoïste révèle sa force précisément dans l'absence d'imposition. Au lieu de créer des murs entre le bien et le mal, elle invite à la subtilité de la perception, à la délicatesse du geste, à l'intégrité qui se construit au quotidien. Le cœur qui cultive *makoto* n'a pas besoin d'applaudissements. L'âme qui cherche la pureté ne se vante pas. Le respect et la droiture, lorsqu'ils sont vrais, fleurissent même dans l'anonymat. Et c'est peut-être là la plus grande beauté du chemin shintoïste : il transforme l'ordinaire en sublime, non par des prouesses, mais par la qualité silencieuse de l'être. C'est ainsi que, pas à pas, geste après geste, la vie devient offrande. Le foyer, le travail, les rencontres fortuites et les instants de solitude deviennent scène pour l'épanouissement intérieur. Et dans cet épanouissement sans hâte, sans ambition, sans vanité, l'être humain se rapproche de ce qu'il y a de plus essentiel : un cœur véritable, qui pulse en harmonie avec tout ce qui vit. Dans cet état, il n'y a plus de séparation entre l'humain et le divin — il y a seulement présence. Et là où il y a présence sincère, là sont aussi les kami.

Chapitre 19
Éducation et Caractère

Dans la tradition shintoïste, éduquer ne signifie pas seulement transmettre des connaissances. Cela signifie façonner l'esprit, aligner le comportement sur le rythme du sacré, et former des êtres humains qui vivent en harmonie avec le monde visible et avec l'invisible. Le Shintoïsme n'offre pas un système pédagogique formel, mais inspire, par son essence même, une forme d'éducation basée sur l'exemple, la répétition de gestes significatifs, le respect de la nature, la discipline partagée et la culture des vertus silencieuses. C'est une éducation qui ne se proclame pas spirituelle, mais qui jaillit d'un sol imprégné de présence divine.

L'enfant japonais, dès ses premières années, apprend que l'espace où il vit doit être entretenu. Il n'entend pas cela comme une leçon morale — il voit les adultes le pratiquer. Il apprend que la beauté importe, que la propreté n'est pas la fonction d'autrui, mais le devoir de tous, et que remercier est plus important qu'exiger. Dans les écoles, cet esprit devient pratique concrète. La salle de classe est organisée par les élèves eux-mêmes. Les toilettes, les couloirs, les escaliers, tout est nettoyé par des mains enfantines, tous les jours. L'acte de nettoyer (*souji*) n'est pas une punition — c'est un apprentissage. C'est un rite quotidien d'humilité et de responsabilité. Il n'y a pas de récompenses spectaculaires. Pas de châtiments humiliants. Ce qu'il y a, c'est la convivialité, l'exemple, et un environnement qui valorise le collectif au-dessus de l'égoïsme. Le groupe importe. La présence de chacun affecte tous les autres. Le silence, le salut respectueux, le soin des matériaux, tout cela enseigne, sans le dire, que le monde a besoin d'être soigné. Et prendre soin du monde commence par prendre soin de soi.

L'enseignant, dans ce contexte, n'est pas une figure autoritaire. Il est une extension des valeurs que l'école entend cultiver. Il se positionne avec fermeté, mais sans imposition. Il corrige par sa présence. Et surtout, il agit comme exemple. Les enseignants nettoient aussi, vénèrent aussi l'espace scolaire, transmettent aussi, par leur conduite, l'esprit que l'on souhaite éveiller chez les élèves. L'autorité naît de la cohérence. Et l'éducation, ainsi, cesse d'être seulement instruction pour devenir transmission de caractère.

Les cérémonies scolaires reflètent cet ethos. Au début de l'année scolaire, il est courant de faire une visite au sanctuaire local. L'école, avec ses enseignants, son personnel et ses élèves, se présente devant le kami protecteur de la région. Il ne s'agit pas d'une obligation religieuse. Il s'agit d'une manière de reconnaître que la sagesse est un don, que le processus d'apprentissage est sacré, que le parcours de chaque enfant a besoin de bénédictions. Le rituel est bref, simple, silencieux. Et au retour à l'école, l'environnement est déjà imprégné d'un sens de révérence.

Même les activités les plus ludiques, comme les sports, les festivals culturels et les kermesses scolaires, sont marquées par cet esprit d'attention. Les espaces sont décorés avec soin. Les événements sont préparés des semaines à l'avance. On n'improvise pas n'importe comment. Chaque détail compte. Parce que tout est expression. Et quand on apprend à soigner les détails, on apprend à soigner sa propre vie. Le sens esthétique, ici, n'est pas vanité. C'est spiritualité. C'est la recherche de l'équilibre, de la légèreté, de la beauté naturelle.

L'absence de morale dogmatique est également une caractéristique marquante. Le Shintoïsme n'exige pas que l'élève apprenne des concepts religieux, ni qu'il mémorise des histoires mythologiques comme une obligation. Au contraire, on valorise le silence, l'écoute, l'observation. Les histoires des dieux sont racontées comme des expressions de la nature humaine, comme des métaphores de l'harmonie, du conflit et de la réconciliation. Ce ne sont pas des vérités absolues. Ce sont des cartes symboliques pour l'âme. L'enfant, en entendant parler d'Amaterasu, de Susanoo ou d'Uzume, reconnaît en lui-même des émotions, des peurs, des impulsions. Et peu à peu, il internalise le sens de l'ordre que ces récits révèlent.

La discipline dans les écoles japonaises n'est pas rigide au sens militaire. Elle est rythmique. Elle structure le temps, organise le corps, oriente l'esprit. La routine quotidienne, avec ses horaires fixes, ses moments de silence, ses pauses pour l'alimentation et le nettoyage, crée un champ de stabilité intérieure. Et cette stabilité est essentielle à l'épanouissement du caractère.

L'élève apprend qu'il n'est pas à la merci des impulsions. Qu'il peut se contenir. Qu'il peut choisir. Qu'il peut collaborer. Et dans ce processus, il apprend aussi à respecter l'espace de l'autre.

Le soin apporté à l'environnement scolaire est une autre extension directe de l'esprit shintoïste. Chaque objet est valorisé. Chaque matériel a sa place. Les pupitres sont organisés. Les chaussures sont changées en entrant dans l'école. Les uniformes sont portés avec sobriété. Il n'y a pas d'ostentation. Il y a présence. Il y a conscience que l'espace où l'on apprend doit être propre, ordonné, harmonieux. Et cet ordre externe résonne à l'intérieur de l'étudiant. Il se sent partie de quelque chose de plus grand. Il comprend, sans mots, que l'école n'est pas seulement un bâtiment. C'est un champ sacré de formation.

En cultivant ce type d'environnement, l'école n'a pas besoin de punitions sévères, ni de mécanismes de contrôle psychologique. L'élève lui-même développe une honte saine face à l'échec. S'il manque de respect à l'autre, s'il détruit ce qui ne lui appartient pas, s'il agit avec égoïsme, il ressent la dissonance. Non parce que quelqu'un l'a puni, mais parce qu'il s'est éloigné de l'harmonie. Et cette perception, qui naît de l'intérieur, est plus transformatrice que toute discipline imposée.

La formation spirituelle dans le Shintoïsme, par conséquent, n'a pas lieu dans des temples fermés, ni dans des cours formels. Elle a lieu au quotidien. Dans la manière dont l'élève se lève en voyant l'enseignant. Dans la façon dont il écoute ses camarades. Dans la manière dont il s'incline en entrant dans une pièce. Dans la patience avec laquelle il prépare le repas scolaire. Dans la gratitude exprimée avant de manger. Tout est rite. Tout est apprentissage. Le caractère, ici, est forgé comme le bambou : flexible, fort, silencieux. L'enfant n'a pas besoin d'être façonné par des règles rigides. Il a besoin d'un champ où la présence des valeurs puisse croître comme un arbre. Et ce champ est préparé avec attention, répétition, exemple. Il n'y a pas de hâte. Le temps éduque. Et le temps, dans le Shintoïsme, est cyclique, vivant, sacré.

Les résultats de cette éducation silencieuse se manifestent dans la vie adulte. Dans le respect avec lequel les professionnels agissent. Dans l'ordre avec lequel les espaces publics sont traités. Dans le sens de coopération qui imprègne les travaux d'équipe. Dans le soin de l'autre, même quand on n'est pas d'accord avec lui. Il ne s'agit pas d'une société parfaite. Mais d'une société qui a appris, à travers la spiritualité implicite, que bien vivre commence par la manière dont on marche, dont on parle, dont on traite l'espace où l'on se trouve.

Dans ce modèle d'éducation, le processus d'apprentissage ne se réduit pas aux contenus, mais s'étend vers la formation d'un esprit présent, sensible et intègre. La salle de classe devient une extension du foyer, l'enseignant un reflet du kami, et le quotidien scolaire une succession de petits rituels qui sédimentent les valeurs sans avoir besoin de les nommer. Quand l'enfant apprend à chausser ses souliers avec attention, à plier le chiffon de nettoyage avec zèle, à servir un aliment avec gratitude, il ne répète pas seulement des gestes — il internalise une posture face à la vie. Une posture qui, même sans explication théorique, façonne silencieusement son caractère, comme l'eau qui sculpte la pierre.

L'éducation inspirée par le Shintoïsme révèle que la construction d'un bon être humain n'exige pas la rigidité, mais la constance. La cohérence entre parole et action, la délicatesse dans les détails, le respect du temps d'autrui et de son propre espace, tout cela sont des graines semées dans le sol fertile de l'enfance. Et ces graines germent non pas en explosions de génie, mais dans la beauté discrète de la discipline quotidienne. L'environnement, les rites, les relations — tout éduque. Et ainsi, la formation du caractère cesse d'être la tâche de spécialistes pour devenir une tâche partagée, vécue par tous ceux qui participent à la communauté scolaire. Dans ce champ fertile où le visible et l'invisible s'entrelacent, l'enfant grandit comme partie d'un tout plus grand, apprenant que vivre avec respect, simplicité et attention est, en soi, une forme de sagesse. Le caractère, tel qu'entendu ici, ne se résume pas à la moralité ou au comportement externe, mais pulse comme une vibration interne alignée sur l'harmonie universelle. Éduquer, par conséquent, c'est révéler cette vibration et lui permettre de s'exprimer avec naturel. Et dans ce processus, chaque geste, aussi simple soit-il, devient un lien entre l'enfant et le sacré qui habite le monde.

Chapitre 20
Le Travail comme Offrande

Dans le Shintoïsme, il n'y a pas de séparation entre le sacré et le quotidien. Le temple n'est pas le seul lieu où le kami se manifeste. La prière n'est pas le seul geste capable de toucher l'invisible. L'offrande, lorsqu'elle est sincère, peut prendre n'importe quelle forme — une parole vraie, un geste de soin, un moment de silence, une action faite avec un dévouement total. C'est dans cet esprit que le travail, activité souvent traitée comme une simple obligation ou un moyen de subsistance, est ressignifié comme un acte spirituel. Bien travailler, c'est servir les dieux. Exécuter une tâche avec attention, avec pureté d'intention, avec discipline et beauté, est, en soi, une forme de révérence.

Le travailleur, dans l'univers shintoïste, n'est pas un instrument de production — il est un agent de l'équilibre. Son métier, quel qu'il soit, participe au grand ordre cosmique. Le cuisinier, en préparant la nourriture, ne nourrit pas seulement les corps — il perpétue l'énergie vitale que les kami offrent à la terre. L'agriculteur, en prenant soin de la rizière, ne récolte pas seulement — il honore le cycle des saisons, l'esprit de la terre, le don du soleil et de la pluie. L'artisan, en façonnant le bois, l'argile ou le papier, ne crée pas seulement des objets — il canalise la beauté qui jaillit du monde invisible. L'entrepreneur, l'enseignant, le pêcheur, l'ingénieur, tous sont, par essence, des offrants. Et l'autel, dans ce cas, est l'espace d'action.

Cette perception transforme radicalement la relation au métier. Le travail cesse d'être un fardeau. Il devient chemin. Chemin de réalisation spirituelle, d'expression de valeurs, d'intégration à la communauté. En se réveillant le matin, celui qui travaille avec *magokoro* — le cœur véritable — commence déjà la journée en état de culte. Il nettoie l'environnement de travail comme s'il préparait le sanctuaire. Il organise les instruments comme s'il positionnait les éléments de l'autel. Il reçoit le collègue comme s'il accueillait un visiteur sacré. Et il réalise ses tâches avec le même zèle qu'il consacrerait à un rite.

De nombreuses entreprises japonaises, encore aujourd'hui, préservent des pratiques directement liées à l'esprit shintoïste. Des rituels de début d'année fiscale sont réalisés dans les sanctuaires locaux, où des représentants de l'entreprise remercient pour le cycle précédent et demandent protection pour le nouveau. Des rites de purification sont conduits avant l'inauguration de nouveaux sièges, usines ou projets. Le prêtre se déplace, récite des prières, offre des *tamagushi*, et consacre l'espace. Il ne s'agit pas de superstition. Il s'agit de reconnaissance : le kami habite le temps et l'espace, et le travail, en faisant partie, doit être harmonisé.

Même les petits commerces ont l'habitude de maintenir un *kamidana* dans un coin discret du lieu. Quotidiennement, ils offrent de l'eau, du riz et du saké.

Ils allument de l'encens. S'inclinent devant l'autel. Et poursuivent leurs activités. L'offrande précède la vente. L'esprit précède le profit. La connexion avec les dieux vient avant le résultat. Car lorsque l'on travaille en accord avec le flux naturel, les fruits apparaissent sans effort excessif. Ils jaillissent comme conséquence, non comme obsession.

Le Shintoïsme ne diabolise pas la prospérité. Il la comprend simplement comme une bénédiction, et non comme une conquête isolée. Le profit, lorsqu'il est le fruit d'actions honnêtes, devient signe d'harmonie. Et cette harmonie s'exprime aussi dans la manière dont on administre le succès : avec gratitude, modestie, et partage. L'entreprise qui prospère fait des offrandes plus importantes, soutient les festivals, parraine des activités communautaires, investit dans la préservation des sanctuaires locaux. Le cycle se referme. Ce qui est reçu est rendu. Ce qui est conquis est béni. Et le travail, ainsi, cesse d'être seulement économie — il devient spiritualité en action.

L'éthique du travail shintoïste valorise l'effort continu, l'humilité face au processus, la recherche de l'excellence. Le concept de *kodawari*, le zèle pour la perfection, est une expression claire de cette posture. On ne travaille pas seulement pour livrer le produit final, mais pour bien faire chaque étape. La préparation de la nourriture, l'ajustement d'une pièce, la rédaction d'un rapport, tout est fait avec attention aux détails. Car chaque détail porte l'esprit de celui qui l'exécute. Et cet esprit, s'il est aligné sur le *magokoro*, transforme l'ordinaire en extraordinaire.

Cette posture se manifeste également dans le respect envers les collègues, dans les gestes silencieux de coopération, dans l'organisation des environnements. Il est courant, à la fin d'une journée de travail, que tous participent au nettoyage de l'espace. Le lieu de travail est entretenu comme une extension du foyer et du temple. Il n'y a personne désigné pour ramasser les déchets des autres — tous collaborent. Ce geste quotidien réaffirme que l'espace est sacré, que la présence collective importe, que l'harmonie se construit par des actions petites et constantes.

La fatigue, lorsqu'elle survient, n'est pas motif de lamentation — c'est signe que l'on a donné de son énergie vitale. Et c'est pour cela même que le repos est aussi respecté. Les pauses sont faites avec présence. La nourriture est consommée avec gratitude. Les moments de silence sont valorisés. Il y a même des espaces pour de brèves prières, pour allumer de l'encens, pour entrer en contact avec le ciel ouvert. Le travail ne dévore pas le temps. Il organise le temps. Il structure la journée. Et c'est pourquoi il n'emprisonne pas — il libère.

Cette perspective peut être appliquée dans n'importe quelle culture, dans n'importe quel métier, par n'importe quelle personne. Il suffit de changer de regard. Le travail n'a pas besoin d'être vu comme un fardeau, une punition, une exigence du système. Il peut être vécu comme expression de dons, comme opportunité de servir le bien collectif, comme canal de développement intérieur. La profession, alors, se transforme en vocation. Et la routine, en rituel.

Même dans les fonctions les plus simples, la spiritualité peut fleurir. L'employé qui sourit avec sincérité, le chauffeur qui conduit avec soin, l'agent d'entretien qui nettoie avec attention, l'aide-soignant qui écoute avec patience — tous, en agissant avec *makoto*, deviennent des offrants. Leurs actions, même invisibles aux yeux de la société, sont remarquées par les kami. Et les kami, dans leur silence attentif, bénissent.

Au Japon, il existe des temples dédiés à des métiers spécifiques. Des kami qui protègent les pêcheurs, les agriculteurs, les érudits, les commerçants. Chaque profession est accompagnée par des divinités qui comprennent ses difficultés et ses joies. En cherchant inspiration et protection, le travailleur reconnaît qu'il n'est pas seul. Que son effort participe à quelque chose de plus grand. Que sa sueur, lorsqu'elle est offerte avec vérité, est aussi prière.

Le monde moderne, marqué par la hâte, la compétition, l'épuisement, peut retrouver l'équilibre en récupérant ce sens spirituel du travail. Il ne s'agit pas de romantiser le labeur, mais de lui rendre sa dignité. De rappeler que le corps qui travaille est un temple. Que le temps que l'on donne est précieux. Que l'énergie investie construit non seulement des produits et services, mais aussi des liens, des mémoires, des héritages. Le Shintoïsme invite à cette reconnexion. À regarder son propre métier comme une mission. À transformer l'espace de travail en autel. À se réveiller avec gratitude. À commencer la journée avec révérence. À terminer la journée en silence. Parce que chaque action, lorsqu'elle est faite avec attention, respect, beauté, devient canal pour le divin. Et dans cet état de conscience, l'être humain ne travaille pas seulement pour vivre — il vit pour offrir. Vit pour servir. Vit pour harmoniser le visible avec l'invisible.

Cette façon de vivre le travail n'exige pas des occupations extraordinaires, ni des titres de prestige. Ce qu'elle demande, c'est la présence. Le jardinier qui enlève les feuilles avec attention, le technicien qui vérifie les circuits avec précision, le comptable qui organise les chiffres avec clarté — tous participent d'un même principe : offrir le meilleur de soi, même dans les tâches les plus discrètes, comme manière d'honorer la vie. Cet esprit transforme le faire en communion, et le quotidien en rite silencieux. Quand le geste est intègre, il réverbère au-delà de l'action. Il purifie l'environnement, renforce le caractère, élève l'esprit. Et le monde alentour, même sans le remarquer, bénéficie de cette vibration.

Travailler avec conscience, c'est donc s'aligner sur le flux majeur qui organise l'univers. Le Shintoïsme montre qu'il n'y a pas de tâche petite lorsqu'elle est exécutée avec respect. La répétition n'est pas monotonie — c'est méditation. L'effort n'est pas punition — c'est offrande. Même les erreurs, lorsqu'elles sont reconnues avec humilité, deviennent partie du chemin. Chaque faux pas révèle un point à purifier. Chaque réussite affermit le lien entre le visible et l'invisible. Le travailleur, ainsi, cesse d'être seulement agent de production : il devient lien conscient entre la terre et le ciel, entre le monde concret et le monde spirituel. Il est pont. Il est canal. Il est offrande.

Et en vivant de cette manière, avec intégrité, zèle, et cœur véritable, l'être humain retrouve sa dignité non pas dans ce qu'il possède, mais dans ce qu'il donne. Le travail cesse d'être l'attente d'une récompense pour devenir l'expression de l'essence même. Dans cet état, ce n'est pas le poste qui confère de la valeur à la personne, mais la pureté avec laquelle elle vit sa fonction. Et ainsi, même au milieu du bruit du monde moderne, une nouvelle quiétude fleurit : celle qui naît de la cohérence, de la simplicité et de la dévotion contenue dans le faire. Car là où il y a effort sincère, là habite aussi le kami — silencieux, invisible, mais présent dans chaque geste bien fait.

Chapitre 21
Le Chemin de la Prospérité

Au cœur du Shintoïsme, la prospérité n'est pas traitée comme un idéal lointain ou comme un bien réservé à quelques privilégiés. Elle est perçue comme la conséquence naturelle d'une vie en harmonie avec les rythmes de la nature, les cycles de la terre et le flux invisible des bénédictions des kami. Lorsque l'existence s'aligne sur ce qui est vrai, beau et harmonieux, l'abondance se manifeste. Non comme une récompense, mais comme l'extension d'un état intérieur. Sur la Voie des Kami, prospérer, c'est fleurir — et cette floraison est accessible à tous ceux qui vivent avec gratitude, respect et intégrité.

La prospérité, pour le Shintoïsme, revêt de multiples formes. Elle ne se limite pas à l'argent ou aux biens matériels. Elle inclut une santé vibrante, des relations harmonieuses, un temps bien vécu, la tranquillité intérieure, la protection des ancêtres, la connexion avec la terre, avec les dieux et avec la communauté. La véritable richesse est celle qui fortifie l'esprit, qui approfondit les liens, qui élargit la capacité de servir. C'est pourquoi, dans les sanctuaires, les demandes de succès sont rarement dissociées des gestes de révérence et de gratitude. Le dévot n'exige pas — il offre. Et dans cette offrande sincère, l'énergie de l'abondance commence à circuler.

Les kami associés à la prospérité sont nombreux et proches. Parmi eux, se distingue Inari Ōkami, divinité des récoltes, du riz, de la fertilité, des affaires et de la productivité. Inari n'est pas un dieu abstrait. Il se manifeste dans des millions de petits et grands sanctuaires disséminés dans tout le Japon, reconnaissables à leurs rangées de *torii* rouges et aux statues de renards — ses messagers spirituels. Commerçants, agriculteurs, entrepreneurs et familles entières visitent ses temples pour demander le succès dans leurs entreprises, de bonnes récoltes, une protection contre les pertes, la fluidité dans les affaires. Mais avant de demander, ils offrent : du riz, du saké, de l'argent, des branches de *sakaki*, des prières. L'acte d'offrir est déjà un signe que l'on comprend le pacte silencieux entre l'homme et le kami : donner pour recevoir. Partager pour grandir.

Un autre chemin d'accès à la prospérité dans le Shintoïsme est la vénération des *Shichifukujin*, les Sept Dieux du Bonheur. Bien que cette tradition incorpore des éléments du bouddhisme et du folklore chinois, elle s'est profondément enracinée dans la culture japonaise et s'est harmonisée avec l'esprit shintoïste. Chacun de ces sept kami représente une dimension de la bonne fortune : longévité, bonheur, richesse, sagesse, courage, popularité et fertilité. Ils voyagent ensemble sur un bateau appelé *Takarabune*, chargé de trésors symboliques, qui arrive dans les foyers au tournant de l'année, apportant des bénédictions pour le nouveau cycle. Les images de ces dieux sont distribuées, dessinées, vénérées. Ils ne promettent pas de miracles — ils rappellent au peuple que la prospérité est le résultat de la communion avec le bien, le beau, le juste.

Les pratiques pour attirer et maintenir la prospérité sont simples, mais chargées de sens. L'une d'elles est la confection et l'utilisation d'*omamori*, amulettes de protection et de chance consacrées dans les sanctuaires. Il existe des *omamori* spécifiques pour les affaires, les examens, les contrats, les voyages, les investissements. Ces petits objets, généralement en tissu, contiennent en eux une prière, un nom de kami, une demande. Le dévot les porte avec respect, sans ouvrir ni violer leur intégrité, sachant qu'y réside une force protectrice invisible. Ils ne sont pas magiques — ce sont des rappels de la présence des dieux et de la nécessité d'agir avec conscience.

Un autre instrument symbolique de la prospérité est l'*ema*, la petite plaque de bois où les dévots écrivent leurs souhaits. Dans les sanctuaires, des milliers de ces plaques s'accumulent devant les autels, formant un chœur silencieux d'aspirations humaines : santé, amour, emploi, dépassement, croissance, reconnaissance. Chaque demande est faite avec humilité. L'écriture devient un geste rituel. Et le kami, même en silence, accueille le souhait. Il ne promet pas de l'accomplir — il promet de l'entendre. Et dans cette écoute, il y a déjà bénédiction.

Il existe également des rituels spécifiques pour les affaires. En ouvrant un magasin, une entreprise ou un nouveau projet, de nombreux Japonais réalisent des cérémonies de purification et de consécration. Un prêtre est invité, l'espace est nettoyé symboliquement avec des branches, des cloches, de l'eau et des paroles sacrées. L'environnement devient un champ fertile pour le succès. Et celui qui y travaille se met à agir avec plus de responsabilité, plus de soin, plus de dévotion. L'espace cesse d'être seulement commercial. Il devient une extension du temple. Et le travail, comme nous l'avons vu, se transforme en offrande continue.

Lors des festivals, la prospérité est également célébrée. Pendant le *Tōka Ebisu*, par exemple, les commerçants remercient Ebisu, l'un des sept dieux de la chance, pour une année de bonnes affaires. Ils reçoivent des branches de bambou décorées de pièces de monnaie, de petits bateaux, de poissons et d'autres symboles d'abondance. Ces branches sont emportées à la maison ou au magasin, où elles restent toute l'année. Ce ne sont pas des amulettes superstitieuses — ce sont des rappels constants que la prospérité est don et responsabilité. Et à la fin du cycle, elles sont retournées au temple, brûlées lors d'un rite collectif, et remplacées par de nouvelles, symbolisant le renouveau.

Il est important de comprendre que, dans le Shintoïsme, la prospérité n'est jamais isolée. Elle est toujours relationnelle. On ne désire pas la richesse pour soi seul — on désire qu'elle bénéficie à la famille, à la communauté, à l'entourage. La fortune qui exclut est vue comme un déséquilibre. L'abondance qui s'accumule sans partage attire l'isolement et la perte de sens. C'est pourquoi le culte des kami de la chance est toujours lié à des valeurs comme la gratitude, la coopération et la révérence. Recevoir est bon. Partager est mieux. Et cet esprit est ce qui maintient l'énergie en circulation.

La pratique constante de la gratitude est l'une des formes les plus puissantes de maintenir la prospérité. On ne remercie pas seulement lorsque quelque chose est conquis. On remercie toujours : le matin, pour un jour de plus ; avant les repas, pour la nourriture ; à la fin de la journée de travail, pour l'effort accompli ; à la fin d'un cycle, pour les apprentissages reçus. La gratitude aligne l'esprit. Et un esprit aligné est un aimant naturel de bénédictions.

Dans les maisons, cette spiritualité de l'abondance se manifeste également. Le *kamidana*, l'autel domestique, devient un espace pour remercier des gains, offrir les fruits du travail, demander conseil. De nombreuses familles japonaises maintiennent la coutume de placer une partie du premier riz récolté ou acheté devant l'autel, symbolisant que ce qui nourrit le corps nourrit aussi la relation avec les dieux. Rien ne se possède seul. Tout est donné. Et ce qui est donné doit être soigné.

En temps de crise, le Shintoïsme offre la sérénité. Il enseigne que les cycles changent, que la pénurie peut faire partie du chemin, que l'important est de maintenir le cœur pur. La prospérité n'est pas l'absence de défis — c'est la capacité de rester intègre face à eux. Et la foi dans le retour de l'équilibre est ce qui soutient le dévot dans les moments difficiles. Les kami n'abandonnent pas. Ils observent. Ils attendent que le cœur retrouve son centre.

Le Chemin de la Prospérité est donc un parcours intérieur avant d'être extérieur. C'est une manière de vivre, de penser, d'agir. Il ne s'agit pas de rituels magiques pour attirer la fortune, mais d'une posture existentielle basée sur l'harmonie. Quand l'être humain vit avec respect, travaille avec dévouement, partage avec générosité, célèbre avec joie et remercie avec sincérité, il devient canal d'abondance. Et là où il est, la vie fleurit.

L'épanouissement de la vie, dans ce contexte, n'est pas seulement la conséquence d'une conduite éthique, mais l'expression d'un lien vivant entre l'humain et le sacré. Ce lien se construit au quotidien — dans le soin des détails, dans l'intention qui imprègne chaque action, dans la délicatesse d'un geste. Prospérer, alors, c'est aussi rester sensible aux manifestations subtiles du divin : l'odeur de l'encens qui monte vers le ciel, la brise qui balance les branches du *sakaki*, le son des prières partagées à l'unisson. Tout cela constitue le paysage vivant où l'abondance devient possible. Car, lorsque l'on vit avec révérence, la réalité se transforme — et l'ordinaire révèle sa sacralité. C'est dans ce champ fertile, construit par des attitudes de respect et de communion, que les fruits de la prospérité deviennent durables.

Il n'y a pas de place pour la précipitation, pour l'accumulation vide ou pour l'obsession de la performance. Le Chemin des Kami enseigne que ce qui arrive vite, repart vite ; que ce qui est vrai mûrit avec le temps, comme le riz dans les champs. La vie prospère est celle qui respecte les temps, qui honore les processus, qui accueille autant les hivers que les printemps. La spiritualité shintoïste pointe ainsi vers une richesse qui ne s'épuise pas — mais qui se renouvelle continuellement, d'autant plus qu'elle est partagée.

Ainsi, suivre le Chemin de la Prospérité, c'est accepter l'invitation à vivre pleinement, non par des objectifs à atteindre, mais par des états à cultiver. Le dévot ne cherche pas à garantir son avenir par des promesses ou des contrats divins, mais marche côte à côte avec les dieux, avec confiance et ouverture. Il sait que, tant qu'il y aura de la gratitude dans son cœur, de la révérence dans ses actes et de la générosité dans son parcours, l'abondance l'accompagnera — comme l'ombre suit le corps au soleil.

Chapitre 22
Le Cercle des Saisons

Le temps, dans le Shintoïsme, n'est pas une ligne droite. C'est un cycle. C'est une spirale vivante qui se renouvelle à chaque saison, à chaque lune, à chaque naissance et chaque mort. Le temps n'avance pas — il tourne. Et dans ce tournoiement éternel, l'être humain trouve la chance de se reconnecter, de se purifier, de recommencer. Les saisons de l'année ne sont pas seulement des divisions climatiques — elles sont des expressions des kami, des manifestations rythmiques de la présence divine sur terre. Et celui qui apprend à lire les signes de la nature, apprend à vivre en harmonie avec ce qui est invisible aux yeux, mais palpable au cœur.

Au Japon, où le Shintoïsme a fleuri, les saisons sont intenses, distinctes, claires dans leurs signes. Le printemps apporte le parfum éphémère des cerisiers. L'été porte le poids vibrant de la vie en expansion. L'automne peint les feuilles de rouge, d'or et de silence. L'hiver couvre la terre de blanc et de recueillement. Chaque cycle, avec sa beauté unique, offre de profondes leçons spirituelles. Et les rites shintoïstes accompagnent ce rythme, non seulement par tradition, mais parce qu'ils savent : le kami parle avec la terre, et celui qui écoute la terre, écoute le kami.

Au printemps, l'éveil est célébré. La vie revient avec douceur et force. Les cerisiers fleurissent pendant quelques jours — et c'est dans cet instant bref que se révèle l'enseignement de l'impermanence. La beauté n'est pas dans ce qui dure, mais dans ce qui est intensément vécu. Les festivals comme le *Haru Matsuri* remplissent les sanctuaires de couleurs et de rires. Familles et amis se réunissent sous les arbres en fleurs, non seulement pour célébrer la nature, mais pour célébrer le miracle du renouveau. La floraison des *sakura* est une salutation des dieux. C'est une bénédiction visible. Et en s'asseyant sous leur ombre, le dévot contemple non seulement l'arbre — il contemple sa propre âme qui fleurit.

L'été apporte la chaleur et l'intensité. Les champs se remplissent de vie. Le travail est ardu, mais l'esprit s'étend. Les *matsuri* envahissent les rues. Les kami sont portés en processions. Les tambours résonnent comme les battements du cœur collectif. Les danses, les offrandes, les lanternes flottantes sur la rivière — tout est mouvement, tout est invocation. Dans la chaleur de l'été, l'être humain retrouve sa force vitale. Et les rites célèbrent cette puissance. La sueur devient offrande. La musique, prière. La nuit illuminée par des lanternes n'est pas seulement une fête — c'est une communion.

En automne, le rythme ralentit. Les feuilles tombent comme un rappel que tout retourne à la terre. La récolte est faite. Les grains sont rassemblés avec gratitude. C'est le temps de remercier, de se recueillir un peu, de regarder à l'intérieur. Les festivals d'automne, comme les rites d'offrande de riz nouveau, sont silencieux dans leur profondeur. Les offrandes ne sont pas faites avec une demande — mais avec gratitude. Le corps se calme. Le cœur s'apaise. Et l'esprit se prépare au recueillement. Dans le rouge des feuilles, le kami peint son adieu. Non comme une fin — mais comme une transformation.

L'hiver, avec son silence, est temps de purification. Le paysage devient blanc. Les sons s'étouffent. Les pas sont lents. Et le dévot entre en état d'écoute. Les rituels de début d'année, comme le *Hatsumōde*, invitent au renouveau. Les sanctuaires se remplissent de prières pour le nouveau cycle. Et même sous la neige, le *torii* reste ferme, comme signe que le sacré ne s'absente jamais. Le froid n'est pas un châtiment — c'est une invitation à l'intériorité. Et celui qui se permet de se taire, entend plus. Sent plus. Devient un sol fertile pour ce qui viendra.

Mais le temps, dans le Shintoïsme, ne se limite pas aux saisons. Il est aussi marqué par la lune, par les cycles agricoles, par les rites de la vie. Le calendrier rituel japonais entrelace le solaire et le lunaire avec fluidité. Et chaque date est un pont entre le quotidien et le sacré. Les festivals ne sont pas fixés seulement sur le calendrier — ils sont fixés sur le rythme de la terre. Ils célèbrent le planter, le germer, le grandir, le récolter. Et ce faisant, le peuple réaffirme son lien avec la vie.

Le pratiquant shintoïste apprend à regarder le ciel et le champ comme s'il lisait un texte sacré. Le nuage qui passe, le vent qui change, la fleur qui éclot, l'oiseau qui revient — tout est langage. Tout est signe. Et l'âme, accordée à ce rythme, sait quoi faire. Sait quand agir, quand se recueillir, quand offrir, quand remercier. La vie cesse d'être une lutte contre le temps — elle devient une danse avec lui.

L'harmonie avec les cycles naturels n'est pas seulement poétique. Elle est source de santé, d'équilibre émotionnel, de sagesse pratique. Celui qui vit en désaccord avec les saisons, tombe malade. Celui qui ignore les signes de la terre, se perd. Le Shintoïsme enseigne que respecter les cycles, c'est respecter sa propre essence. Le corps humain est fait d'eau, de vent, de terre. Et tout ce qui affecte la nature, affecte aussi l'esprit. C'est pourquoi les rites de purification ne sont pas seulement symboliques — ils sont réels. Ils aident à défaire l'accumulation de ce qui n'est plus nécessaire. Ils nettoient la poussière invisible de l'âme.

Chaque saison invite aussi à une vertu. Le printemps enseigne la légèreté. L'été, le courage. L'automne, la gratitude. L'hiver, la sagesse. Celui qui observe la nature apprend sans effort. Et celui qui vit en accord avec elle chemine avec les dieux. Le *torii*, la cloche, l'autel, tout cela est important. Mais le vent, la fleur, le froid et la chaleur sont aussi des autels vivants. Et le dévot sait : là où il y a vie, il y a kami.

Cette conscience cyclique du temps aide à dissoudre l'anxiété. Il n'y a pas de hâte là où il y a rythme. Pas de désespoir là où il y a renouveau. L'erreur commise peut être purifiée. Le cycle qui se termine laissera place à un autre. Ce qui semble une perte est une préparation au nouveau. La confiance dans le flux de l'existence est l'une des plus grandes offrandes que l'on puisse faire aux dieux. Et c'est cette confiance qui permet à l'être humain de vivre avec beauté, même face à l'impermanence.

Dans le Shintoïsme, vivre, c'est être en relation. Avec l'autre. Avec la nature. Avec les ancêtres. Avec les dieux. Et tous ces liens sont tissés dans le temps. Le temps n'est pas ennemi — il est allié. Il n'emporte pas — il transforme. Et celui qui comprend cela, se transforme avec. Avec sérénité. Avec révérence. Avec un esprit éveillé.

Vivre à l'intérieur de ce rythme, c'est permettre à son propre cœur de battre au diapason de la terre, comme un tambour qui fait écho à la musique des cieux. Chaque saison, plus qu'un décor, est une maîtresse silencieuse qui invite l'être humain à s'observer, à se revoir, à se recréer. Dans l'éclosion de la fleur ou la chute d'une feuille, il y a toujours un appel subtil à la conscience : rien n'est permanent, mais tout est précieux. L'éternité n'est pas dans ce qui reste identique, mais dans ce qui se transforme avec grâce. Et ainsi, le temps cesse d'être un poids et devient mélodie — une chanson qui conduit l'âme de retour à l'essentiel.

Cette sagesse des cycles n'exige pas l'érudition, seulement la présence. Le simple acte de cueillir un fruit en son temps, de se taire face au froid, de remercier pour la pluie ou la récolte, devient pratique spirituelle. La nature enseigne sans mots, et le Shintoïsme invite à l'écouter avec tout le corps. En se reconnaissant partie de ce tout vibrant, l'être humain trouve sa place — non comme dominateur de la terre, mais comme lien sensible entre le visible et l'invisible. Et cette appartenance guérit. Guérit l'excès, la précipitation, la déconnexion. Enseigne à marcher plus lentement, plus entier, plus vrai.

Suivre le Cercle des Saisons, c'est donc accepter la danse sacrée du temps avec humilité et joie. C'est reconnaître qu'il y a un moment pour chaque chose, et que chaque moment porte sa propre bénédiction. Dans ce tempo fluide, le dévot se défait de la rigidité et accueille l'impermanence comme expression de la beauté même de la vie. Et alors, vivre devient offrande. Être présent devient prière. Et le temps, autrefois craint comme passage, se révèle chemin de retour à ce qui est le plus intime et divin.

Chapitre 23
Sanctuaires à l'Étranger

Les kami ne connaissent pas de frontières. Ils ne sont pas liés à un territoire, ni limités par la nationalité ou la langue. Là où il y aura respect, pureté, gratitude et sincérité, là leur esprit pourra se manifester. Et c'est pourquoi, même hors du Japon, le Shintoïsme reste vivant. Dans des communautés éloignées, sur des continents divers, dans des villes qui n'ont peut-être jamais vu un cerisier, les sanctuaires apparaissent — discrets, silencieux, mais chargés de la même force ancestrale qui pulse dans les *jinja* du Japon. Le culte des kami a traversé les océans, traversé le temps, et fleurit aujourd'hui là où on l'attend le moins.

L'expansion du Shintoïsme au-delà du Japon n'a pas été un projet missionnaire, ni partie d'une stratégie de conversion. Elle s'est produite à cause des gens. À cause des immigrants qui, en quittant leurs terres, ont emporté avec eux leurs valeurs, leurs rites, leurs amulettes, leurs dieux. En arrivant au Brésil, aux États-Unis, au Pérou, en Argentine, à Hawaï, au Canada, et dans tant d'autres endroits, ces personnes ont trouvé de nouvelles terres, de nouvelles cultures, mais n'ont pas abandonné leurs racines spirituelles. Et là où elles s'établissaient, elles créaient un espace pour le sacré.

Au Brésil, par exemple, la présence de sanctuaires shintoïstes remonte à la première moitié du XXe siècle, notamment dans les régions à forte concentration d'immigrants japonais, comme São Paulo, le Paraná et l'intérieur du pays. Le plus connu est le Jinja Kaikan, situé dans la zone sud de São Paulo, qui abrite le Temple shintoïste Brésil-Japon, consacré en 2015 en présence de prêtres venus directement du Japon. Là, les rites sont conduits avec la même précision et la même révérence observées dans les temples japonais. Il y a de l'espace pour le *misogi*, pour les prières, pour l'offrande de *sakaki*, pour les rites de purification, pour la présence vivante des kami en sol brésilien.

Dans chacun de ces espaces, quelque chose reste inchangé : le *torii*. La structure rouge ou orangée, érigée même au milieu d'immeubles modernes ou de champs tropicaux, continue de marquer le seuil entre le monde profane et le sacré. Le franchir est le même geste symbolique, que ce soit à Tokyo ou à São Paulo, que ce soit au pied du Mont Fuji ou sur les rives du Rio Tietê. Le dévot s'incline, frappe dans ses mains, vénère, et le monde change. Peu importe où se trouve le corps — l'esprit retourne à son axe.

Les sanctuaires hors du Japon suivent le même calendrier rituel. Ils réalisent le *Hatsumōde*, la première visite de l'année ; organisent le *Shichi-Go-San*, les rites pour les enfants ; célèbrent les *matsuri* avec des danses, des musiques et des aliments traditionnels. Même avec des adaptations culturelles inévitables, l'esprit des rites est préservé. Car l'essentiel n'est pas dans la forme, mais dans la sincérité. Et cette sincérité ne dépend pas de la géographie. Elle est universelle.

Des prêtres formés au Japon, reconnus officiellement par les institutions shintoïstes, ont exercé dans divers pays. Certains sont des descendants directs d'immigrants. D'autres sont des étrangers qui, avec une dévotion profonde, se sont consacrés à étudier, pratiquer et servir. Ils sont devenus des ponts entre les cultures. Ils sont devenus des canaux pour la continuité d'une tradition qui, bien qu'étant profondément enracinée dans la terre japonaise, a une vocation mondiale. Car les kami parlent au cœur humain, et ce cœur n'a pas de nationalité.

Aux États-Unis, il existe des sanctuaires dans des endroits comme Hawaï et la Californie. Au Pérou, la tradition a fleuri au sein des communautés nippo-péruviennes, dont beaucoup maintiennent des pratiques dévotionnelles à la maison ou dans des centres communautaires. Au Canada, en Argentine, au Mexique, il y a des familles qui entretiennent des *kamidana*, qui font des prières quotidiennes, qui célèbrent des festivals locaux adaptés au calendrier shintoïste. La flamme reste allumée. Et le kami, sensible à la révérence, reste présent.

Ce que l'on observe dans ces contextes, c'est la capacité du Shintoïsme à s'adapter sans se corrompre. Il s'installe sur le nouveau sol, mais conserve son essence. Il accueille de nouveaux pratiquants sans exiger le renoncement à d'autres croyances. Il reconnaît que la spiritualité est vécu, non affiliation. Et c'est pourquoi des personnes non descendantes de Japonais ont trouvé dans ce chemin une source de sens, une pratique silencieuse de connexion avec le divin, une manière d'habiter le monde avec plus de légèreté et d'attention.

Le Shintoïsme, vécu hors du Japon, défie les notions rigides de religion. Il n'impose pas de baptêmes, n'exige pas de serments, n'interdit pas d'autres chemins. Il invite simplement. Invite à la pureté. Invite au silence. Invite au respect de la nature, de la vie, des cycles. Et celui qui répond à cette invitation, que ce soit à Tokyo, à Buenos Aires, à Londres ou à Nairobi, devient partie du même flux.

Les difficultés existent. La distance culturelle, la rareté des prêtres, la méconnaissance générale du Shintoïsme, les préjugés religieux. Mais ces obstacles n'empêchent pas les kami de se manifester. Là où il y a sincérité, ils demeurent. Là où il y a soin de l'espace, du temps, de l'autre, ils descendent. Là où il y a cœur pur et présence éveillée, ils dansent. Même s'il n'y a pas de *torii*. Même s'il n'y a pas d'autel. Même si l'offrande est un geste, une parole, un silence.

La nature, étant la principale demeure des kami, est présente dans tous les coins de la planète. Le Mont Fuji n'est pas au Brésil, mais il y a des montagnes qui abritent le même silence. La mer d'Okinawa ne baigne pas le Pérou, mais les vagues du Pacifique murmurent les mêmes messages. La forêt japonaise ne pousse pas au Canada, mais les bois de pins et de chênes cachent les mêmes murmures. Et celui qui marche dans ces paysages avec un esprit de révérence, marche avec les kami.

Le sanctuaire à l'étranger n'est pas seulement une construction physique. C'est un symbole de continuité. C'est le corps d'une tradition vivante. C'est le miroir de l'engagement qu'un peuple a envers son âme. Et plus encore : c'est un pont entre les mondes. Entre le Japon et le pays où il s'élève. Entre la culture ancestrale et le présent multiculturel. Entre le visible et l'invisible. Entre l'humain et le divin.

Ce pont ne se construit pas seulement avec du bois, de la pierre ou du papier de riz — il est fait de gestes quotidiens, de mémoires partagées, de silence respectueux devant l'autel improvisé sur une étagère, dans un jardin, dans un coin du salon. La spiritualité shintoïste fleurit là où l'on prend soin de l'invisible, et chaque sanctuaire à l'étranger, aussi petit soit-il, est une extension de l'esprit japonais qui vit non seulement dans l'esthétique, mais dans l'éthique de la révérence.

Le son de la cloche qui résonne à São Paulo ou à Vancouver ne réplique pas le Japon — il révèle que le sacré est un langage commun, compris par tous ceux qui s'approchent le cœur ouvert. Dans ces espaces transnationaux, le Shintoïsme assume une fonction encore plus large : il devient pont de réconciliation avec la terre où l'on vit, quelle qu'elle soit. Les rites connectent la spiritualité ancestrale aux vents, eaux et forêts locaux, créant des racines symboliques qui respectent le nouveau sol sans oublier l'ancien. C'est une spiritualité de la rencontre. Il n'y a pas d'exigence d'appartenance ethnique, ni d'exclusivité. Il y a, oui, une invitation à l'écoute. Un appel à la présence. Et dans cette coexistence, surgissent des pratiques hybrides, créatives et profondes, qui enrichissent autant la culture locale que la tradition des ancêtres.

Ainsi, les sanctuaires hors du Japon ne sont pas des vestiges d'une identité perdue, mais des signes vivants d'une spiritualité qui se renouvelle au pas de ceux qui continuent de marcher. Ce sont des lieux où le temps ralentit, où le geste devient prière, où la distance devient proximité. Et chacun d'eux — même le plus modeste, même le plus isolé — porte la promesse silencieuse des kami : là où il y aura respect, là nous serons aussi. Là où il y aura beauté, là nous fleurirons. Là où il y aura gratitude, là nous nous ferons présents.

Chapitre 24
Conversion Silencieuse

Dans le Shintoïsme, il n'y a pas de porte qui se ferme ni de rituel qui s'impose. Celui qui s'approche des kami n'a besoin de rien déclarer, de rien abandonner, de rien prouver. Il suffit de vivre avec révérence. Il suffit de cultiver la pureté, la gratitude, le respect de la vie et de l'invisible. Et ainsi, sans annonces, sans initiations formelles, sans promesses ni obligations, le cœur du pratiquant s'aligne sur le rythme des dieux. La conversion, dans ce chemin, n'est pas rupture — elle est silence. N'est pas serment — elle est pratique. Et n'est pas identité — elle est syntonie.

Différent des religions institutionnelles qui se structurent autour de dogmes, de codes, d'affiliations et de croyances, le Shintoïsme n'exige pas l'exclusivité. Il ne nie pas les autres croyances, ne combat pas les autres traditions, n'exige pas le renoncement. Ce n'est pas une religion d'appartenance, mais de présence. Une personne peut être chrétienne, bouddhiste, musulmane, athée — et pourtant, trouver dans le Shintoïsme une manière de vivre avec plus de sens. Car ce qu'il offre n'est pas une vérité fermée. C'est une manière d'être au monde avec légèreté, sensibilité et harmonie.

Cette ouverture fait du Shintoïsme une spiritualité discrète. Il ne cherche pas de fidèles. Il accueille des marcheurs. Ceux qui s'approchent le font parce que quelque chose les appelle : le silence d'un sanctuaire, le geste de frapper dans ses mains, le son d'une cloche, la beauté du *torii*, la simplicité d'une offrande. Et en reproduisant ces gestes avec sincérité, ils vivent déjà le chemin. La conversion n'est pas un acte — c'est un processus. Et ce processus commence à l'instant où la personne perçoit qu'il y a des kami en tout, et décide de vivre à la hauteur de cette perception.

L'intéressé qui souhaite s'approcher du Shintoïsme commence par la pratique. Il n'y a pas de livres obligatoires, ni de doctrines à mémoriser. Le premier pas peut être d'installer un petit *kamidana* — un autel domestique — où seront offertes des prières et des gestes simples de révérence. On peut acquérir un *ofuda* consacré dans un sanctuaire, disposer des fleurs, de l'eau, du riz, du saké. On peut faire silence devant cet espace tous les jours, avec ou sans mots, mais toujours avec *magokoro* — le cœur véritable. Cet autel n'est pas symbole de possession. C'est rappel de la présence.

Outre l'autel, la personne peut intégrer à sa routine des pratiques de purification. Se laver les mains et la bouche avant une prière. Nettoyer la maison avec une intention spirituelle. Pratiquer le *misogi* de manière adaptée — un bain matinal conscient, par exemple. Exprimer sa gratitude avant les repas. Prêter attention à la nature. Visiter des arbres, des rivières, des montagnes, avec respect. Écouter le vent. S'arrêter devant le lever du soleil. Ce sont des gestes petits, mais profondément transformateurs. Car le Shintoïsme se manifeste au quotidien. Non dans les discours, mais dans les choix silencieux.

Avec le temps, on peut visiter des sanctuaires, participer à des *matsuri*, apprendre les prières formelles — les *norito* —, connaître les différents types de kami et établir une affinité avec certains d'entre eux. On peut étudier les mythes, plonger dans les enseignements symboliques du *Kojiki* et du *Nihon Shoki*, comprendre l'origine de la terre, le rôle des dieux créateurs, les cycles de lumière et d'ombre, d'ordre et de chaos. Chaque mythe est un miroir. Chaque rite est un miroir. Et celui qui se regarde avec vérité dans ces miroirs commence à percevoir que le sacré est déjà en lui.

Le Shintoïsme reconnaît qu'il n'est pas nécessaire de renaître pour vivre avec les kami. Il suffit d'ouvrir les yeux. Il suffit de nettoyer l'esprit. Il suffit d'aligner le geste avec l'intention. Et c'est pourquoi il n'y a pas besoin de cérémonies d'initiation. Il n'y a pas d'autorité qui accorde un titre. L'autorité suprême est le kami lui-même — et il se révèle dans le silence intérieur. Si le cœur est pur, il accueille. Si l'âme est présente, il demeure. Et il n'y a pas d'intermédiaires obligatoires entre le pratiquant et le divin.

Il y a, certes, des prêtres et des prêtresses. Il y a des rites officiels. Il y a des structures traditionnelles. Mais l'accès au kami n'est pas conditionné à cela. La hiérarchie existe, mais non pour contrôler — pour servir. Le prêtre est gardien du rite. La *miko* est canal du geste rituel. Mais le pratiquant ordinaire, même sans formation, même sans descendance japonaise, peut vivre le Shintoïsme de manière pleine. Pourvu qu'il y ait sincérité. Pourvu qu'il y ait respect. Pourvu qu'il y ait soin de la beauté, de l'ordre, du silence, de l'espace.

Et c'est justement ce caractère non institutionnalisé qui fait de la conversion une expérience intime, souvent invisible aux yeux des autres. Personne ne sait, sauf celui qui la vit. Le voisin ne perçoit pas. La famille ne remarque pas. Mais quelque chose change. La manière de marcher. La façon de s'asseoir. Le geste de laver la vaisselle. L'attention aux détails. Le soin des objets. La gratitude qui jaillit même les jours difficiles. La légèreté qui s'installe dans le regard. Tout cela est signe que la présence des kami a déjà trouvé demeure.

Dans les pays où le Shintoïsme est peu connu, cette conversion silencieuse peut sembler solitaire. Mais elle ne l'est jamais. Car les kami accompagnent. Ils n'ont pas besoin de foules pour se manifester. Ils reconnaissent le petit geste fait avec un cœur entier. Et là où il y a ce geste, là l'espace s'illumine. Là la personne se transforme. Là le monde s'aligne.

Il est possible, pour celui qui désire approfondir, d'entrer en contact avec des sanctuaires hors du Japon, de participer à des rencontres, des cours, des cérémonies publiques. De nombreux temples offrent des instructions, des matériaux traduits, un accueil respectueux. Mais rien de tout cela n'est obligatoire. Ce sont seulement des outils. L'essentiel réside dans la pratique quotidienne. Dans la culture de la présence. Dans le regard respectueux envers la nature. Dans le respect des ancêtres. Dans la recherche de pureté.

Il n'est pas rare que des pratiquants d'autres traditions trouvent dans le Shintoïsme un pont, et non une rupture. Un chrétien peut continuer à prier Dieu, mais apprendre à remercier la terre avec une révérence shintoïste. Un bouddhiste peut continuer à méditer, mais trouver dans les rites shintoïstes une expression complémentaire d'harmonie. Un sceptique peut découvrir, dans les gestes silencieux du Shintoïsme, une spiritualité qui n'exige pas de croyance — seulement de l'attention. Et tous, même sans renoncer à ce qu'ils sont, peuvent cheminer avec les kami.

Cette coexistence de chemins, loin d'affaiblir le Shintoïsme, révèle sa force la plus délicate : celle d'être une présence qui s'ajuste, qui accueille sans exiger, qui transforme sans violence. La conversion silencieuse est, en réalité, une écoute profonde. Écoute de sa propre âme, écoute de la nature, écoute de ce qui vibre entre les mots. Et c'est dans cette écoute que les kami s'approchent. Il n'y a pas de jour marqué pour dire « maintenant j'appartiens », car cette appartenance est ressentie, non proclamée.

Le changement n'est pas dans le nom que l'on adopte, mais dans la manière dont on parcourt le monde, dont on touche la vie avec des mains plus légères et des yeux plus attentifs. Cette légèreté, lorsqu'elle est cultivée avec constance, déborde sur toutes les sphères de l'existence. Les relations deviennent plus respectueuses, le temps plus sacré, la routine moins automatique. La spiritualité, qui n'exige ni serments ni adhésions explicites, façonne le caractère avec subtilité et profondeur. Le pratiquant ne « devient pas shintoïste »

— il devient de plus en plus présent, plus accordé à l'impermanence, plus sensible à ce qui pulse au-delà de la surface. Et dans cette transformation discrète, le monde alentour change aussi : car là où il y a quelqu'un en harmonie, il y a un champ d'harmonie qui est semé.

   Au final, la conversion silencieuse est une fleur qui éclot sans bruit. Son parfum ne crie pas — il transforme simplement l'air. Et celui qui s'approche, sent. Peut-être ne sait-il pas nommer, peut-être ne reconnaît-il pas d'où vient ce calme, cet éclat dans le regard, ce geste soigneux. Mais il sent. Et dans ce sentir, les kami se font percevoir. Ils ne demandent pas d'applaudissements. Ils demandent la présence. Et là où il y a un cœur pur qui agit avec révérence, là le Shintoïsme a déjà fleuri — sans avoir besoin de dire qu'il est arrivé.

Chapitre 25
Sagesse Ancestrale

Les paroles que les dieux ont prononcées, les gestes qu'ils ont faits, les choix qui ont marqué les premiers temps — tout cela reste vivant. Dans le Shintoïsme, les mythes ne sont pas seulement des récits du passé. Ce sont des cartes spirituelles, des reflets symboliques de la réalité invisible, des enseignements qui traversent les siècles comme des graines lancées sur le sol fertile de l'existence humaine. Ce ne sont pas des histoires à croire ou à douter, mais à vivre. Car chaque mythe est un miroir, et celui qui s'y contemple voit révélé non pas un monde de dieux lointains, mais sa propre âme en mouvement.

Le *Kojiki* et le *Nihon Shoki*, textes fondamentaux de la pensée shintoïste, contiennent ces histoires sacrées. Ils narrent la naissance du Japon, des dieux et des phénomènes naturels, comme si tout était interconnecté — et ça l'est. Quand Izanagi et Izanami firent tourner la lance sur l'océan primordial et créèrent la première terre, ils ne façonnaient pas seulement des îles. Ils révélaient que le monde naît du geste sacré, que la création est le résultat de l'harmonie entre masculin et féminin, entre action et réceptivité, entre intention et forme. Le Japon, ainsi, n'est pas un territoire profane — c'est un sol consacré par la présence des kami depuis son origine.

Le mythe de la naissance d'Amaterasu, la déesse du soleil, illumine bien plus que le ciel. Quand Izanagi, après être descendu dans le monde des morts et s'être purifié, lave son œil gauche et que la lumière en naît, on comprend que la lumière ne surgit pas sans douleur, que la clarté intérieure vient après la plongée dans l'obscurité. Amaterasu est le soleil qui réchauffe, qui guide, qui nourrit, mais elle est aussi symbole de la conscience éveillée, de la noblesse de l'esprit, de la sagesse qui se révèle quand on regarde avec vérité à l'intérieur. La révérence envers elle, encore aujourd'hui centrale dans le Shintoïsme, est révérence envers la vie illuminée, le chemin clair, le centre solaire qui existe en chaque être.

Mais il n'y a pas de lumière sans ombre, et c'est pourquoi le mythe de Susanoo, frère d'Amaterasu, est si nécessaire. Il représente la tempête, le chaos, le désordre émotionnel. Son comportement impulsif, destructeur, instinctif, cause douleur et rupture. Mais il protège aussi, affronte des dragons, cherche la rédemption. Il est l'aspect non dompté de l'âme, qui a besoin d'être intégré. Quand Amaterasu se cache dans la caverne par peur de son frère, le monde plonge dans l'obscurité. Mais sa sortie est rituelle — danse, rire, miroir. La lumière ne revient pas par la force — elle revient par la beauté, par l'enchantement, par le reflet. Et ce reflet est l'un des plus grands symboles du Shintoïsme : le miroir sacré qui représente Amaterasu dans tant de sanctuaires est aussi symbole du moi éveillé, de l'âme claire, du cœur véritable qui reflète le ciel.

Ce récit enseigne que l'harmonie n'est pas l'absence de conflit, mais son dépassement. Les dieux se trompent, se battent, s'éloignent — mais reviennent. Et en revenant, ils restaurent le monde. Ce mouvement de rupture et de recomposition est profondément humain. Il est archétypal. Il est universel. Et c'est pourquoi les mythes shintoïstes touchent le lecteur contemporain avec tant de force. Ils ne sont pas exotiques. Ils sont intimes. Ce sont des portraits de l'âme dans son voyage d'autoconnaissance, d'équilibre et d'intégration.

La relation entre les dieux et les humains dans les mythes révèle également la continuité entre les sphères. Il n'y a pas de séparation rigide. Les ancêtres humains descendent des kami. Les empereurs sont les héritiers spirituels d'Amaterasu. Chaque être humain porte en lui cette étincelle divine. Et c'est pourquoi, vivre avec droiture, pureté, sincérité, c'est aussi honorer la lignée spirituelle dont on fait partie. Le respect des ancêtres n'est pas seulement un hommage — c'est la reconnaissance que la vie se soutient sur des vies antérieures. Et que les gestes d'aujourd'hui résonnent dans les générations futures.

D'autres mythes révèlent l'importance du courage, de la compassion, de la vérité intérieure. L'histoire d'Ōkuninushi, par exemple, enseigne sur l'humilité, le sacrifice et la sagesse. Il est trompé, souffre, meurt, ressuscite, et à la fin devient seigneur du monde invisible. Son parcours est marqué par des épreuves et des pertes, mais aussi par des révélations. C'est lui qui aide les lapins blessés, qui entend les voix du monde spirituel, qui comprend que le pouvoir véritable ne naît pas de l'imposition, mais de l'écoute. Et dans ce mythe, comme dans tant d'autres, le pouvoir est reconfiguré : être fort, c'est être vrai. Être leader, c'est être serviteur du bien commun.

L'histoire de la déesse Uzume, qui danse devant la caverne d'Amaterasu et la fait rire, est un rappel que la joie est aussi sacrée. Le rire n'est pas superficiel. Il guérit. Il illumine. Il ouvre des portes. La danse rituelle qu'elle réalise, appelée *kagura*, est devenue l'une des pratiques les plus importantes des sanctuaires. Car le corps qui danse avec beauté devient canal pour le kami. Et cela, le mythe le disait déjà. Les contes ancestraux ne sont pas des histoires d'autres. Ce sont des révélations sur comment mieux vivre, comment gérer l'ombre, comment restaurer la lumière.

Ces mythes ne se limitent pas à l'enfance ou à la formation culturelle du peuple japonais. Ils restent vivants parce qu'ils restent vrais. La personne qui les lit avec les yeux de l'esprit perçoit qu'ils parlent d'elle. De la peur qui paralyse. De la colère qui détruit. Du geste qui guérit. Du silence qui accueille. De la présence qui transforme. Et en se reconnaissant dans ces récits, elle retrouve un sens. Retrouve une direction.

Le Shintoïsme, en préservant ces mythes, ne les transforme pas en dogmes. Il les offre comme des paysages. Chacun peut les parcourir à sa manière. Peut y voir ce qu'il a besoin de voir. Peut y cueillir ce qu'il est prêt à cueillir. Et en revenant, il apporte avec lui non pas des réponses, mais de meilleures questions. Car les mythes n'expliquent pas — ils éveillent.

Lire le *Kojiki*, visiter un sanctuaire, réciter un *norito*, participer à un festival, faire une offrande, tout cela fait partie d'une même écoute. Le mythe parle, mais parle en silence. Il n'exige pas une foi aveugle. Il demande de la sensibilité. Et celui qui développe cette sensibilité commence à percevoir que la vie est aussi faite de symboles. Que le monde est miroir. Que les dieux continuent de murmurer au milieu des arbres, des nuages, des rêves, des gestes quotidiens.

La sagesse ancestrale du Shintoïsme est légère, mais profonde. Elle ne pèse pas sur les épaules. Elle élève. Elle ne corrige pas avec dureté. Elle oriente avec beauté. Et sa force réside précisément dans l'absence de rigidité. C'est une sagesse qui ploie comme le bambou, mais ne se brise pas. Qui se renouvelle comme les saisons. Qui reste vivante parce qu'elle vit à l'intérieur de chaque être qui la reconnaît.

La continuité de cette sagesse ne dépend pas seulement de la préservation des textes anciens, mais de la manière dont les mythes s'enracinent dans le quotidien. Quand quelqu'un choisit le silence face au conflit, il honore Amaterasu ; quand il accueille le chaos intérieur avec patience, il dialogue avec Susanoo. Quand il danse avec légèreté au milieu de la douleur, il fait résonner l'audace curative d'Uzume. Ces échos mythologiques ne se limitent pas au Japon ancien — ils se répètent discrètement dans les salles de classe, les cuisines, les forêts, les marchés et les temples, partout où quelqu'un se souvient de vivre avec conscience, révérence et courage.

Le plus remarquable est que cet héritage n'exige pas d'être compris au niveau rationnel. Il pénètre par le sensible, le symbolique, l'expérience. Un enfant qui observe la vapeur du riz monter devant l'autel n'a pas besoin de comprendre les mythes pour intuiter qu'il y a là quelque chose de sacré. Un adulte qui marche dans un bois et ressent un frisson silencieux, n'a peut-être jamais lu le *Kojiki*, mais est déjà, d'une certaine manière, en communion avec les kami. La sagesse ancestrale ne s'impose pas. Elle attend. Et quand le cœur est prêt, elle se révèle — non comme théorie, mais comme reconnaissance. Comme souvenir. Comme retrouvailles.

Suivre cette piste, c'est accepter l'invitation à vivre poétiquement. À écouter les enseignements anciens comme s'ils étaient des murmures du propre cœur. À percevoir que chaque geste simple peut porter le poids doux du sacré. Sur ce parcours, il n'y a pas de maîtres à obéir, seulement des miroirs à contempler. Et plus l'image réfléchie devient claire, plus le pratiquant comprend : les mythes ne racontent pas des histoires de dieux lointains. Ils montrent des chemins pour que chaque être humain, avec ses propres pas, trouve la lumière même dans l'ombre — et transforme sa vie en expression vivante de la sagesse qui ne meurt jamais.

Chapitre 26
Le Chemin Intérieur

Le Shintoïsme, si profondément enraciné dans la révérence envers la nature et les pratiques communautaires, contient aussi en lui un noyau de silence. Un noyau qui ne se montre pas facilement, mais qui pulse comme le centre vivant de toute la tradition. Il y a un chemin à l'intérieur du chemin — le chemin intérieur. Une manière d'écouter qui se fait sans mots, de voir qui se fait sans effort, de sentir qui se fait sans posséder. À côté des rites et des festivals, à côté des sanctuaires et des prêtres, existe l'espace invisible où la rencontre avec le divin se fait directement, sans intermédiaires. Et cet espace est l'intérieur de l'être.

Contrairement aux traditions qui développent des techniques formelles de méditation, le Shintoïsme offre une approche spontanée, sensorielle, naturelle de la contemplation. Il n'impose pas de postures, ne dicte pas de méthodes. Il invite à être. À simplement être. Être devant la rivière, être sous l'arbre, être face à la brume matinale, et là, non comme un touriste du monde, mais comme une partie de celui-ci, permettre que le silence révèle ce que les mots n'atteignent pas. Cette pratique, non systématisée, non nommée, est l'une des expressions les plus profondes de l'esprit shintoïste. Car en elle, l'être humain se retire de lui-même, et en même temps, se retrouve.

Le *magokoro* — le cœur véritable — est la clé de ce chemin. Le cœur qui ne cherche pas à impressionner, qui ne désire pas prouver, qui ne s'inquiète pas des doutes. Un cœur qui vibre simplement en harmonie avec ce qui est. Il ne se ferme pas dans l'analyse. Il s'ouvre à l'expérience. Et quand cet état est atteint, même pour de brefs instants, le pratiquant perçoit que la séparation entre le moi et le monde est illusoire. Que l'arbre n'est pas là par hasard. Que la pierre a quelque chose à dire. Que le vent porte des mémoires ancestrales. Que le ciel, si vaste, tient tout entier dans un instant de présence.

L'introspection dans le Shintoïsme n'est pas un repli comme fuite. C'est une écoute comme manière d'être. Et cette écoute peut se faire n'importe où : dans la quiétude d'un bois sacré, au son de l'eau frappant les rochers, au chant des cigales au crépuscule, dans la contemplation d'un jardin ordonné avec simplicité. Il ne s'agit pas de s'isoler du monde. Il s'agit de s'y syntoniser dans son état le plus pur. C'est pourquoi, souvent, le pratiquant préfère ne pas dire qu'il médite. Il vit simplement avec attention. Il marche simplement les yeux ouverts à l'invisible.

La spiritualité introspective du Shintoïsme trouve son expression dans des pratiques comme la visite silencieuse aux sanctuaires. Nul besoin de demander. Nul besoin de parler. Le simple geste de marcher vers le *torii*, de le franchir avec conscience, de purifier les mains et la bouche avec l'eau fraîche, de s'incliner devant l'autel, de frapper deux fois dans ses mains et de se taire — tout cela est déjà méditation. Déjà prière. Déjà communion. Le corps devient rite. Le silence devient parole. Et l'espace s'illumine, non avec des bougies ou de l'encens, mais avec la présence réelle de ce qui est sacré.

Certains pratiquants développent des routines personnelles de contemplation. Ils se lèvent tôt pour saluer le soleil. Non avec des formules. Avec présence. Ils regardent le ciel, sentent la brise, posent les pieds sur le sol encore humide. Ils font silence une minute, trois, sept. Et dans ce temps court et éternel, ils se syntonisent avec ce que les dieux disent ce jour-là. D'autres préfèrent le crépuscule. Ils s'assoient à l'ombre d'un arbre, observent les changements de lumière, accompagnent leur respiration. Il n'y a pas de mantra. Pas de désir. Seulement l'écoute.

Prendre soin de l'espace est aussi une pratique intérieure. On balaie le sol comme on nettoie son propre esprit. On range la table comme on prépare un autel. On lave la vaisselle comme on accomplit un rituel de purification. L'ordre externe résonne sur l'ordre interne. L'esthétique se transforme en éthique. Et le beau, lorsqu'il est vécu avec simplicité, révèle le chemin du sacré. Le foyer devient temple. La routine devient rite. Et le dévot perçoit qu'il n'a pas besoin d'aller loin pour trouver les dieux. Car ils sont déjà là, habitant chaque geste fait avec intention.

Ce mode de vie introspectif se reflète dans l'architecture des sanctuaires, la disposition des jardins, l'organisation des villages traditionnels. Rien ne crie. Rien n'exhibe. Tout accueille. Tout murmure. L'espace invite à la pause. À la respiration. À la présence. Et même celui qui ne connaît pas les rites, même celui qui ne comprend pas les symboles, se sent touché par cette atmosphère. Car le sacré, quand il est réel, n'exige pas de traduction. Il touche le cœur de celui qui est attentif. Et l'attention est la porte du chemin intérieur.

Dans les montagnes du Japon, il existe des lieux de retraite où moines et pratiquants du Shintoïsme cherchent ce contact plus profond avec la nature et avec leur propre esprit. Ils marchent en silence. Dorment sous les étoiles. Boivent l'eau des sources comme si c'était du vin divin. Mangent avec révérence. Non par obligation. Mais parce que la vie est perçue comme un don. Et quand on vit ainsi, la nourriture n'est pas seulement aliment — c'est offrande. La nuit n'est pas seulement absence de lumière — c'est immersion. Le froid n'est pas seulement climat — c'est leçon.

Le Shintoïsme, même sans formaliser de méthodes méditatives comme le zazen du bouddhisme, enseigne une forme d'attention qui transforme. Et cette attention commence par le corps. Par la respiration. Par la manière de marcher. Par la façon de s'asseoir. Par le soin apporté à ce que l'on touche. Le corps, lorsqu'il est ralenti, lorsqu'il est vécu avec conscience, devient instrument de révélation. Et le dévot apprend, peu à peu, que ce qu'il cherche est toujours plus proche qu'il ne l'imagine.

Le chemin intérieur est, pour cela, le plus accessible et le plus exigeant. Il n'a pas besoin de rites grandioses, mais exige une présence réelle. Il ne requiert pas de connaissance profonde, mais requiert la vérité. Il n'impose pas de dogmes, mais invite à l'écoute constante. Et celui qui accepte cette invitation, même une fois par jour, même pour quelques minutes, découvre que les kami parlent en silence. Que l'univers a son langage. Que l'âme, lorsqu'elle écoute, trouve la paix.

Cette dimension contemplative est essentielle à l'équilibre de la vie moderne. Au milieu du bruit, de la hâte, de l'excès de stimuli, le Shintoïsme propose la pause. Non pour fuir le monde, mais pour s'y retrouver. Le pratiquant qui vit avec attention aux cycles de la nature, avec gratitude pour les petites choses, avec respect pour les rythmes internes, se transforme en présence. Et sa présence, en soi, est déjà offrande. Déjà prière. Déjà pont entre les mondes.

Sur les chemins silencieux du Shintoïsme, la vie quotidienne se révèle comme une succession de portails sacrés. Chaque geste, chaque regard attentif, chaque instant de présence pleine, devient une opportunité de révérence. Nul besoin de chercher à l'extérieur ce qui pulse à l'intérieur : les kami, qui habitent arbres, pierres et sources, habitent aussi le souffle de l'instant. Et ainsi, cultiver l'intériorité n'est pas s'éloigner de la vie, mais s'y approfondir — sentir que le simple peut être sacré, que l'ordinaire contient l'extraordinaire, et que l'écoute véritable transforme même le plus banal des moments en communion vivante.

Cette conscience s'étend au-delà de l'individu, irradiant dans les liens avec les autres et avec le monde. Le soin de l'environnement, la gentillesse dans les gestes, le respect du temps des choses : tout devient expression de ce chemin intérieur. Et ce qui semblait trivial auparavant — balayer un sol, préparer un thé, allumer une lanterne — acquiert une densité spirituelle. Le silence cesse d'être absence de son pour devenir présence dense, vivante, réceptive. Telle une surface d'eau tranquille, il reflète non seulement le ciel, mais aussi les sentiments les plus profonds, qui ne se révèlent que lorsqu'il n'y a pas de hâte.

Dans cet état d'attention simple et sincère, le dévot perçoit que le chemin intérieur ne conduit pas ailleurs, mais approfondit l'endroit où l'on se trouve. Le voyage spirituel n'est pas une échelle vers le haut, mais une plongée dans le présent. Et là, au centre du maintenant, entre le claquement des mains et le son du vent, entre le contact de l'eau fraîche et le regard vers le ciel du matin, l'âme reconnaît qu'elle est déjà chez elle. Il n'y a pas de séparation entre le sacré et le quotidien. Il y a seulement présence.

Chapitre 27
La Beauté comme Chemin

Il y a une délicatesse essentielle qui imprègne chaque aspect du Shintoïsme. Ce n'est pas de l'ostentation, ni de l'artifice. C'est une beauté contenue, presque invisible, mais absolument présente. Un geste léger en disposant une fleur sur l'autel. La manière dont un *torii* s'élève contre le ciel. La courbe d'un toit qui accompagne le contour des nuages. La disposition des pierres dans un jardin où chaque élément semble avoir trouvé sa place par lui-même. Cette beauté, si discrète et si puissante, n'est pas seulement un reflet esthétique — c'est une voie spirituelle. Dans le Shintoïsme, la beauté est chemin. Chemin vers le sacré, chemin vers le cœur, chemin vers la présence des kami.

Cette perception de la beauté comme expérience spirituelle est profondément enracinée dans la sensibilité japonaise, notamment dans l'idée de *wabi-sabi.* *Wabi* est la simplicité modeste, l'élégance de l'essentiel, le contentement de ce qui est. *Sabi* est la beauté du passage du temps, l'acceptation de l'imperfection, la valeur de la fugacité. Ensemble, ils forment une esthétique qui célèbre ce qui est inachevé, ce qui est vieilli, ce qui se transforme. Une tasse fêlée, un bois usé, une feuille tombée sur une pierre — tout cela, lorsqu'observé avec révérence, devient miroir du divin.

Le Shintoïsme ne sépare pas le beau du sacré. Ce qui est beau, lorsqu'il est vécu avec pureté, est automatiquement expression de la présence divine. Et c'est pourquoi les espaces sacrés ne s'imposent pas. Ils s'intègrent. Un sanctuaire n'est pas construit pour dominer le paysage, mais pour converser avec lui. Le chemin qui y mène est bordé d'arbres, le son du vent fait partie de la liturgie, la lumière filtrée par les feuilles devient illumination naturelle. La nature n'est pas un cadre — elle est le corps du temple. Et la beauté qui s'y révèle n'est pas fabriquée. Elle est révélée.

Vivre le Shintoïsme, c'est apprendre à percevoir cette beauté. C'est devenir sensible à l'invisible. C'est ralentir le regard, nettoyer l'esprit, permettre au monde de se présenter sans interférence. Et cet apprentissage n'exige pas de connaissance technique. Il exige de l'attention. La fleur qui éclot sur le chemin du travail. L'arrangement subtil des ustensiles sur la table. La manière dont l'ombre se projette sur le tatami au crépuscule. Rien n'est banal. Tout est manifestation. Et celui qui voit avec des yeux d'offrande transforme chaque instant en culte.

Le quotidien, ainsi, devient territoire d'expression esthétique et spirituelle. Ranger la maison avec soin. Nettoyer un coin oublié avec zèle. Choisir un objet avec intention. Maintenir un espace ordonné. Préparer un repas avec attention aux détails. S'habiller avec sobriété et beauté. Tout cela, lorsqu'accompli avec *magokoro*, est culte. C'est une manière d'entrer en syntonie avec le flux des kami. Car les dieux n'exigent pas des temples de marbre. Ils se sentent à l'aise là où règne l'harmonie.

Cette harmonie n'est pas uniforme. Elle n'exclut pas l'irrégulier. Au contraire, le *wabi-sabi* enseigne que c'est précisément dans l'asymétrie, l'impermanence, la rusticité, que la beauté fleurit avec le plus de vérité. La feuille qui tombe marque le temps. La mousse qui couvre la pierre révèle le silence des jours. La vieille maison qui grince au vent parle des vies qui y sont passées. Le Shintoïsme honore ce temps. Honore cette mémoire. Honore ce qui vieillit avec dignité. Car ce qui porte une histoire porte un esprit. Et là où il y a esprit, il y a kami.

Les rituels, même les plus simples, sont imprégnés de cette esthétique de la révérence. L'autel n'est pas un amoncellement de symboles — c'est un espace propre, aéré, équilibré. Un vase avec de l'eau, une branche de *sakaki*, un bol avec du riz, une bougie, peut-être un encens. Rien ne déborde. Rien ne manque. L'espace entre les objets est aussi important que les objets eux-mêmes. Et cette attention à la forme éduque l'esprit. Elle enseigne que l'excès perturbe. Que le bruit éloigne. Que la beauté a besoin de silence pour se révéler.

Lors des cérémonies plus importantes, cette esthétique s'amplifie. Les vêtements des prêtres, les gestes chorégraphiés, les instruments de musique, les mouvements des *miko* — tout est danse. Tout est soin. Il n'y a pas de précipitation. Pas de distraction. Le temps s'étire. L'esprit s'apaise. Et le corps devient véhicule du sacré. La beauté, ici, n'est pas spectacle. C'est moyen de connexion. Elle ne sert pas à enchanter les yeux. Elle sert à ouvrir le cœur.

Même l'écriture des *norito*, les prières formelles, suit ce principe. Ce sont des mots poétiques, rythmiques, presque musicaux. Ils sont dits d'une voix calme, continue, enveloppante. Le son a du poids. Le silence entre les sons a de la profondeur. Le sens n'est pas seulement dans le contenu — il est dans la forme. Et cette forme, vécue avec sincérité, crée un champ de présence. Le kami écoute. Le pratiquant sent. L'harmonie s'établit.

Au foyer, cette sensibilité se manifeste dans les petits gestes. La manière dont on place une fleur dans le *genkan*, l'entrée de la maison. La façon dont on organise la cuisine. La disposition des objets sur le *kamidana*. Le soin apporté à la propreté. Le choix des ustensiles. Rien n'est neutre. Tout communique. Tout vibre. Et quand l'environnement vibre en harmonie, l'âme s'apaise. La maison devient temple. Le jour devient rite.

Cette valorisation de la beauté discrète enseigne aussi à gérer le vieillissement, l'imperfection, la finitude. La tasse ébréchée n'est pas jetée. Elle est réparée avec de l'or — technique connue sous le nom de *kintsugi*. Et cette cicatrice dorée devient la plus belle partie de la pièce. Car on ne cache pas la douleur. On la transforme en art. La vie, avec ses pertes et ses marques, est également digne. Le visage qui vieillit. Le corps qui change. Le cœur qui se brise. Tout peut être refait. Tout peut briller.

L'esthétique shintoïste, par conséquent, n'est pas un luxe. C'est une éthique. C'est un chemin d'intériorisation. C'est une discipline du regard. C'est la purification de l'âme par le geste. Et celui qui cultive ce regard commence à voir le monde avec d'autres yeux. Commence à entendre le son des feuilles. À percevoir la danse de la poussière dans la lumière. À sentir la chaleur d'un thé comme une bénédiction. Commence à être, réellement être, là où il est.

  Le Shintoïsme invite à cette présence. À vivre non seulement par fonction, mais par beauté. À travailler non seulement par obligation, mais par harmonie. À habiter les espaces non seulement par nécessité, mais par révérence. Et quand cela devient naturel, quand le geste le plus simple porte l'esprit, la personne devient canal du sacré. Sa marche est rite. Son silence est prière. Sa maison est autel. Sa vie, chemin.

  La beauté, lorsqu'elle est accueillie comme voie d'expression spirituelle, se révèle non comme un ornement, mais comme un mode d'écoute. Écoute du monde, écoute de soi, écoute des kami. Dans cet état de sensibilité éveillée, les contrastes entre simplicité et profondeur disparaissent : un tronc tordu devient enseignement ; une ombre qui s'allonge en fin d'après-midi, un rappel que tout passe. Le regard affiné par l'esthétique shintoïste est, en même temps, un regard qui guérit — car il ne cherche pas à corriger l'imparfait, mais voit en lui une forme de vérité. La beauté, alors, cesse d'être quelque chose que l'on contemple de l'extérieur pour devenir quelque chose que l'on habite de l'intérieur.

  Cette manière d'habiter le monde transforme silencieusement le quotidien. Et transforme aussi le sujet. Ce qui était exécuté avec hâte devient pratique sacrée. Ce qui était jeté est maintenant réparé avec affection. La beauté cesse d'être fonction de la jeunesse ou de la symétrie pour devenir une question de présence et d'intention. L'âme syntonisée avec cette vibration trouve la sérénité même au milieu de l'impermanence. Après tout, quand on comprend que tout est flux — la lumière, le corps, l'émotion —, il est possible de finalement se reposer dans l'instant avec gratitude. Le temps, alors, cesse d'être ennemi pour devenir cadre de révélations.

Ainsi, vivre par la beauté n'est pas futilité — c'est courage. Courage d'ouvrir les yeux sur l'éphémère et d'y trouver quelque chose d'éternel. Courage de reconnaître le divin dans les détails les plus humbles. Courage de s'abandonner au geste avec vérité. Quand la marche devient danse, le silence devient musique, et le regard devient bénédiction, on perçoit que la beauté n'est pas dans les choses, mais dans la manière de les voir. Et dans cette manière, si intime et silencieuse, l'âme touche ce qu'il y a de plus sacré.

Chapitre 28
L'Esprit de Gratitude

Au cœur du Shintoïsme, pulse une force douce, invisible et puissante. Une force qui ne dépend pas de rituels élaborés, ni de mots complexes. Une force qui est à la portée de toute personne, en tout lieu, à tout moment. Cette force est la gratitude (*kansha*). Non comme un sentiment occasionnel, mais comme un état continu de conscience. Non comme une réponse à une faveur reçue, mais comme la reconnaissance silencieuse du don de l'existence. La gratitude, dans le Shintoïsme, n'est pas seulement une vertu — c'est un pont vivant entre l'humain et le divin.

Dès les premiers moments de la journée, le pratiquant est invité à remercier. En ouvrant les yeux, en sentant la lumière du soleil, en entendant le son du vent ou de la pluie, en respirant profondément, il y a une opportunité de révérence. Le corps qui s'éveille, la maison qui abrite, la nourriture qui attend, le travail qui l'appelle, tout cela sont des dons. Et chacun de ces dons, lorsqu'il est reconnu comme tel, renforce le lien avec les kami. Car les dieux n'exigent pas d'offrandes grandioses. Ils se rendent présents lorsqu'il y a gratitude sincère.

Cette gratitude s'exprime par des gestes simples. Une inclinaison de tête devant le *kamidana*. Une respiration consciente avant un repas. Un regard attentif vers le ciel en fin d'après-midi. Un toucher léger sur l'arbre en passant. Un soupir profond devant une fleur qui a éclos. Ce sont des moments brefs, mais pleins de présence. Et cette présence transforme tout. Car lorsque l'on est réellement présent, on perçoit que rien n'est garanti. Tout est don. Et cette reconnaissance ouvre le cœur.

Les prières dans le Shintoïsme sont, pour la plupart, des prières de remerciement. Le dévot ne s'approche pas du sanctuaire seulement pour demander. Il y va, surtout, pour remercier. Remercier pour ce qu'il a reçu, pour ce qui ne s'est pas produit, pour ce qu'il a appris, pour ce qui a été possible. Remercier même ce qu'il ne comprend pas. Car dans le flux de la vie, même ce qui semble une perte peut contenir une bénédiction. Les kami connaissent des chemins que l'humain ne voit pas. Et leur faire confiance est aussi un acte de gratitude.

Lors des festivals, cette dimension reconnaissante prend corps. Le *Niiname-sai*, par exemple, est l'un des rites les plus anciens et sacrés, où l'empereur offre aux dieux le premier riz de la récolte, au nom de tout le peuple. Avant de manger, il offre. Avant de jouir, il vénère. C'est l'ordre naturel des choses dans le Shintoïsme : d'abord, reconnaître. Ensuite, recevoir. Celui qui remercie devient digne de ce qu'il possède. Celui qui exige seulement, rompt le flux.

Cette éthique de la gratitude façonne la culture japonaise de manière profonde. L'habitude de remercier avant et après les repas — *itadakimasu* et *gochisōsama* — n'est pas une simple formalité. C'est l'expression vivante du respect pour la nourriture, pour le travail de celui qui l'a préparée, pour la vie des êtres qui s'y sont transformés en subsistance. On remercie le poisson, le riz, l'agriculteur, le cuisinier, le feu, la terre, le temps. Le repas n'est pas banal. C'est un rituel. Et l'aliment, lorsqu'il est reçu avec conscience, nourrit plus que le corps — il nourrit l'esprit.

De même, le travail est commencé avec remerciement. La semaine commence par des salutations formelles, des gestes de révérence, des rituels dans les entreprises et les magasins. De nombreux établissements maintiennent leurs *kamidana* actifs, avec des offrandes d'eau, de sel et de riz. Chaque matin, on recommence avec gratitude. Et quand quelque chose réussit, on célèbre. Quand quelque chose échoue, on apprend. Et dans les deux cas, on remercie. Car vivre est déjà une raison pour cela.

Les sanctuaires eux-mêmes sont des espaces de gratitude collective. Les *ema*, petites plaques de bois où les fidèles écrivent leurs souhaits ou remerciements, s'accumulent sur les autels avec des milliers de messages silencieux. « Merci pour la santé », « pour la guérison », « pour la vie de mon fils », « pour cette année qui se termine », « pour l'amour retrouvé ». Chaque plaque est un témoignage que la spiritualité n'a pas besoin de miracles extraordinaires. Elle a besoin d'yeux qui voient le don dans ce qui est commun.

La gratitude se manifeste aussi dans le soin apporté aux ancêtres. En visitant les tombes, en nettoyant les mémoriaux, en offrant des fleurs et de l'encens, le dévot n'accomplit pas seulement un devoir.

Il exprime sa gratitude pour sa propre existence. Chaque vie est continuité. Chaque naissance est pont. Et celui qui reconnaît la lignée qui l'a précédé vit avec plus de respect, plus d'humilité, plus d'équilibre.

Cet esprit reconnaissant ne nie pas la souffrance. Le Shintoïsme ne romantise pas la douleur. Mais il enseigne que, même dans la douleur, il y a place pour la gratitude. Gratitude pour la force qui surgit. Gratitude pour les mains qui aident. Gratitude pour le temps qui guérit. Gratitude pour la conscience qui mûrit. Et quand cette gratitude s'installe, la douleur ne diminue pas — mais le cœur s'agrandit.

La pratique quotidienne de la gratitude a des effets profonds. Elle organise l'esprit, purifie le regard, aligne l'être. La personne qui remercie vit avec moins de poids. Se plaint moins. Exige moins. Se compare moins. Se sent partie du flux. Se sent accompagnée. Se sent pleine. Car la gratitude est le langage des kami. Ils ne parlent pas à voix haute. Mais répondent à la sincérité. Et celui qui remercie, écoute. Celui qui remercie, reçoit plus. Non parce qu'il a demandé — mais parce qu'il est devenu capable de reconnaître.

Cette pratique n'exige pas de grandes transformations. Elle commence en se réveillant et en regardant le ciel. En ouvrant une fenêtre et en laissant l'air entrer. En disant « merci » avec intention. En écrivant trois raisons de remercier à la fin de la journée. En se souvenant de ceux qui ont été présents. En touchant un objet cher avec respect. Tout est champ de gratitude. Et chaque instant ainsi vécu devient un autel.

Les kami ne demandent pas la perfection. Ils demandent la présence. Et la gratitude est la forme la plus pure de cette présence. Elle n'est pas spectacle. Elle est état. C'est une vibration silencieuse qui transforme l'environnement. Qui rend le sol plus ferme. Qui éclaircit la pensée. Qui guérit le ressentiment. Qui dissout l'égoïsme. La gratitude est le contraire de l'oubli. C'est la reconnaissance. Et celui qui reconnaît vit autrement. Marche avec une autre légèreté. Respire avec une autre profondeur.

Dans le Shintoïsme, vivre avec gratitude, c'est vivre en communion avec le monde. C'est percevoir que la vie, même avec ses imperfections, est généreuse. Que le temps est professeur. Que la mort fait partie du cycle. Que la présence des autres est bénédiction. Que le simple est suffisant. Que le maintenant, vécu avec attention et gratitude, contient déjà tout.

La gratitude, lorsqu'elle est pleinement vécue, transforme l'existence en réciprocité constante. Il n'y a pas de séparation entre celui qui donne et celui qui reçoit, entre l'offert et ce qui est offert en retour. Tout se mélange dans un même geste : le riz qui nourrit, la terre qui soutient, le soleil qui réchauffe — et le cœur humain qui, en reconnaissant, rend au monde non seulement des mots, mais de la présence. Dans cette danse silencieuse entre donner et remercier, le vivre quotidien devient célébration, non par de grands événements, mais par le miracle caché dans les détails, par le sacré qui se cache dans le simple. La gratitude, ainsi comprise, est bien plus qu'une réponse : c'est une manière d'être au monde.

Ce mode façonne le regard. Celui qui vit avec gratitude apprend à voir avec plus de netteté, à sentir avec plus d'intégrité, à entendre avec plus d'écoute. Les plaintes perdent de leur place, non par répression, mais parce que l'âme change de fréquence. Le monde, avec tous ses contrastes, est perçu comme un lieu d'apprentissage et de révélation. Même les rencontres difficiles laissent des traces de sagesse. Et même dans les pertes, il y a une lumière qui reste allumée — non de négation, mais de compréhension. Quand l'esprit se tourne vers la reconnaissance de ce qui est, au lieu de l'attente de ce qui manque, jaillit une paix qui ne dépend pas de garanties. Une paix qui naît du lien avec l'impermanence même. Dans cet état, la vie cesse d'être un chemin d'exigences pour devenir un chemin d'accueil. Et marcher devient plus léger. Non parce que les poids disparaissent, mais parce que le cœur s'aligne sur ce qui est essentiel : le don de l'existence, la présence des autres, la générosité de la nature, le silence des kami.

La gratitude, enfin, n'est pas une fin — c'est le sol fertile où la spiritualité fleurit. Où l'humain rencontre le divin sans bruit. Où l'instant se révèle entier. Où le simple suffit.

Chapitre 29
Le Chemin de l'Harmonie

Au cœur du Shintoïsme vibre un mot qui n'a pas besoin d'être dit à voix haute pour être compris. Un mot qui est présent dans les forêts silencieuses, dans les jardins soigneusement arrangés, dans les rituels réalisés en synchronie, dans le geste respectueux entre deux personnes qui se rencontrent. Ce mot est *wa* — harmonie. Plus qu'un concept, *wa* est un état. C'est une respiration commune entre les êtres et les choses. C'est le rythme qui organise le chaos sans annuler sa diversité. C'est la ligne invisible qui coud le ciel à la terre, l'individu à la communauté, le geste au silence. C'est par l'harmonie que le monde se maintient. Et c'est par elle que les kami se rendent présents.

Vivre en harmonie, c'est vivre en équilibre avec tout ce qui existe. Non seulement avec les personnes, mais avec les espaces, avec le temps, avec les ancêtres, avec les rythmes naturels. Le Shintoïsme ne sépare pas les domaines de l'existence. Ce qui est à l'extérieur résonne à l'intérieur. Ce qui est fait dans le corps affecte l'environnement. Ce que l'on pense résonne dans les liens. C'est pourquoi chaque action, aussi petite soit-elle, a un poids spirituel. La manière dont on range une pièce, dont on marche sur un sentier, dont on sert un repas, dont on écoute une histoire — tout cela renforce ou rompt l'harmonie.

Cette conscience commence tôt. Dès l'enfance, le Japonais est éduqué à percevoir l'impact de sa présence sur le collectif. On apprend qu'il ne faut pas être un poids pour les autres. Que l'ordre des espaces est un reflet de l'ordre intérieur. Que parler en excès peut blesser le silence d'autrui. Qu'agir avec inattention perturbe le flux. Il ne s'agit pas de répression — mais d'accordage. L'âme est accordée comme un instrument. Et l'harmonie, lorsqu'elle est jouée, transforme l'environnement en temple.

Dans les sanctuaires shintoïstes, cette harmonie est vécue dans le soin extrême apporté à la disposition des éléments. Rien n'est là par hasard. Le *torii* n'est pas seulement un portail — c'est un alignement. Le chemin de pierres n'est pas seulement un sentier — c'est une préparation à l'entrée dans l'espace sacré. La fontaine de purification n'est pas là pour l'ornement — c'est un rite pour retrouver son centre. Et en passant par ces espaces avec attention, le dévot se sent rééquilibré. Le monde intérieur s'organise par l'ordre du monde extérieur. Et le corps, en ralentissant, se remet à écouter le flux de la vie.

L'harmonie se révèle aussi dans les relations humaines. Le Shintoïsme valorise profondément le respect mutuel, la gentillesse discrète, la coopération silencieuse. Le conflit n'est pas nié, mais il est traité avec délicatesse. La colère est reconnue, mais non amplifiée. Le désaccord est accueilli, mais non célébré. Car tout ce qui déséquilibre éloigne les kami. Et les dieux ne descendent pas là où il y a un bruit excessif. Ils préfèrent les lieux où le geste est clair, où la parole est mesurée, où le cœur est vrai.

Cette emphase sur l'harmonie fait du Shintoïsme une spiritualité relationnelle. La personne ne se sauve pas seule. Elle se sauve en restaurant les liens. Avec la nature. Avec les autres. Avec sa propre essence. La culpabilité, ici, n'est pas un sentiment punitif — c'est le signe que quelque chose s'est désaligné. La honte, dans ce contexte, est un outil d'autoperception. Quand on perçoit qu'une attitude a blessé l'ordre des choses, on cherche à corriger. On cherche à demander pardon. On cherche à purifier. Car la pureté n'est pas seulement physique — c'est l'harmonie restaurée.

L'harmonie avec la nature est un autre axe fondamental. Les forêts sont préservées non seulement pour des raisons écologiques, mais parce qu'elles sont la demeure des kami. Les montagnes sont respectées comme des entités vivantes. Les rivières sont vénérées. Les pierres sont laissées à leur place. Le Shintoïsme enseigne que toucher au monde sans écoute, c'est générer du désordre. Que construire en excès, extraire sans soin, consommer sans conscience, c'est rompre le pacte sacré avec la terre. Et là où ce pacte est rompu, le vide s'installe. L'abondance s'évanouit. L'âme tombe malade. C'est pourquoi, même dans les grandes villes, il y a des sanctuaires. Petits refuges d'harmonie. Espaces où le son de la cloche coupe le bruit des voitures. Où le vent souffle sans hâte. Où la présence des kami est restauratrice. Ces lieux ne sont pas seulement mémoire. Ce sont des poumons spirituels. Ce sont des espaces où le temps s'aligne à nouveau. Où la précipitation se dissout. Où l'humain se souvient qu'il fait partie de quelque chose de plus grand.

Le Shintoïsme enseigne aussi qu'il est toujours possible de restaurer l'harmonie. Peu importe à quel point on s'est trompé. L'important est de reconnaître. De purifier. De revenir. L'impureté n'est pas méchanceté — c'est désaccord. Et le rite existe pour aider l'être humain à retrouver le rythme. Le *misogi*, le nettoyage par l'eau, est plus qu'un bain — c'est un geste de retour à l'état de fluidité. L'eau emporte ce qui pèse. Et ce qui pèse trop s'éloigne de la légèreté des dieux.

Cette vision influence même l'esthétique. La beauté n'est pas symétrie. C'est équilibre dynamique. C'est un ordre qui accueille l'imprévu. Un arrangement floral, par exemple, est fait en considérant le vide entre les éléments. Un jardin ne cherche pas à contrôler la nature — mais à la mettre en valeur. Un environnement bien entretenu n'est pas celui où tout brille, mais celui où tout respire ensemble. Et cette respiration, lorsqu'elle est partagée, devient expérience spirituelle.

L'harmonie est également cultivée dans les structures sociales. L'organisation des communautés, le respect des anciens, la responsabilité partagée dans les tâches publiques, tout cela reflète la spiritualité de la coexistence. Lors des festivals, cette harmonie se manifeste dans la coopération entre voisins, la danse collective, le partage des aliments, la célébration commune de la vie. Le kami est invoqué, non comme propriété d'un seul, mais comme présence pour tous. Et le bien-être d'un quartier est vu comme le bien-être de tous.

En temps de crise, cette culture de l'harmonie montre sa force. Lors de tragédies naturelles, en moments de pénurie, le peuple s'unit. S'organise. Coopère. Se tait. Attend. Aide. Non parce qu'on l'exige — mais parce qu'on a appris, dès le plus jeune âge, que l'équilibre se construit ensemble. Et que la souffrance, lorsqu'elle est partagée, pèse moins. Et que la douleur, lorsqu'elle est reconnue, peut générer la compassion.

Restaurer l'harmonie, lorsqu'elle est brisée, exige du courage. Exige de l'humilité. Exige de l'écoute. Exige du silence. Mais le Shintoïsme n'abandonne pas celui qui se trompe. Il offre des chemins. Chemins de réconciliation. Chemins de purification. Chemins de retour. Et celui qui revient, avec sincérité, retrouve les dieux. Car les kami sont patients. Ils attendent. Ils observent. Ils accueillent.

Vivre le Chemin de l'Harmonie, c'est vivre avec une conscience élargie. C'est percevoir que chaque action vibre. Que chaque parole construit ou détruit. Que chaque choix résonne. Et c'est pourquoi le pratiquant shintoïste cherche, en tout, l'équilibre. Non la perfection. Mais l'ajustement continu. Comme le bateau qui corrige son cap à chaque vague. Comme l'arbre qui se courbe au vent, mais ne se brise pas.

La véritable force de l'harmonie réside dans sa douceur persistante. Elle n'impose pas, mais invite. Ne force pas, mais soutient. Et c'est pourquoi, souvent, elle passe inaperçue — comme la fondation qui maintient la maison debout, comme la respiration qui donne vie au corps. Le pratiquant qui vit attentif à ce principe comprend que l'harmonie n'est pas un état fixe, mais un processus vivant d'écoute et de réponse. Chaque jour, chaque situation, exige un nouveau geste d'accordage : un silence de plus, un mot de moins, un choix qui considère non seulement son propre bien, mais le bien de tous ceux qui partagent le même espace. L'harmonie, ainsi, devient boussole spirituelle.

Ce mode de vie, fondé sur la conscience relationnelle, transforme la manière de réagir au monde. Au lieu de réagir avec impulsivité, on apprend à répondre avec présence. Au lieu de s'imposer, on cherche à comprendre. Il ne s'agit pas d'annuler ses propres désirs, mais de les mettre en dialogue avec le tout. La colère trouve une écoute. La frustration trouve du soin. La joie trouve le partage. L'harmonie n'est pas une anesthésie émotionnelle — c'est une alchimie. Elle transforme sans effacer. Éduque sans réprimer. Et, dans ce processus, l'être humain devient non seulement pratiquant d'une tradition spirituelle, mais présence pacificatrice dans le monde.

Vivre le chemin de l'harmonie est donc un choix quotidien pour un mode d'existence qui unit, accueille, rééquilibre. C'est la culture d'une vie qui ne cherche pas le contrôle, mais la connexion. Où l'erreur n'est pas un échec définitif, mais une opportunité de retour. Où la beauté naît du respect, et l'éthique jaillit de l'affection. Sur ce chemin, le pratiquant comprend qu'il n'y a pas de geste trop petit pour restaurer l'ordre du monde. Qu'il suffit d'un regard attentif, d'un pas conscient, d'un cœur ouvert — et la présence des kami fleurit.

Chapitre 30
Éternité des Kami

Dans le Shintoïsme, le temps n'est pas une ligne droite qui sépare passé, présent et futur. Il est cercle, spirale, respiration cosmique. Il pulse en cycles : des saisons, des générations, des vies. Et à l'intérieur de ces cycles, il y a une permanence. Une continuité silencieuse qui ne dépend ni de la matière, ni de la mémoire. Une présence qui se maintient, même lorsque les yeux humains ne voient plus. Les kami, dieux de la nature, des forces et des ancêtres, ne disparaissent pas. Ils demeurent. Non dans des corps, non sous des formes fixes, mais en esprit. En essence. En vibration. Car dans le Shintoïsme, le sacré est éternel.

Cette éternité n'est pas une idée abstraite. Elle est vécue dans les rituels, les gestes, les paysages, les liens. Elle s'exprime dans la révérence constante envers les ancêtres, dans les sanctuaires qui traversent les siècles, dans les arbres sacrés qui ont vu des générations entières passer sous leur ombre. Le temps, dans ces espaces, semble suspendu. La pierre de l'autel est la même depuis cinq cents ans. La cloche, sonnée à l'aube, résonne comme elle résonnait il y a des siècles. Le *torii*, franchi en silence, ouvre le même portail entre les mondes. Rien n'a changé. Tout demeure. Car tout est en état de continuité.

L'idée que les ancêtres deviennent kami après la mort est l'une des expressions les plus profondes de cette éternité. Il ne s'agit pas de croyance en la réincarnation, ni d'une théologie de l'âme. Il s'agit d'une reconnaissance : ce qui a été vécu avec pureté, sincérité, droiture, demeure. Celui qui a vécu avec *makoto* ne disparaît pas. Devient présence. Devient influence silencieuse. Devient esprit protecteur. Devient kami. Cette transformation n'est pas le privilège de quelques-uns. Elle est à la portée de tous. Le Shintoïsme enseigne que toute personne, en vivant avec vertu, peut être rappelée avec révérence. Peut devenir source d'inspiration, de protection, d'orientation. Le grand-père qui a pris soin de la famille. La mère qui priait devant le *kamidana*. L'ancien du village qui préservait les rituels. L'agriculteur qui respectait la terre. Tous, en partant, ne s'en vont pas. Ils demeurent. Non comme ombre, mais comme lumière.

Cette lumière est allumée sur chaque autel domestique, dans chaque offrande de riz, dans chaque fleur laissée devant une sépulture. La mémoire n'est pas un fardeau — c'est un pont. Et l'esprit de l'ancêtre n'exige pas l'adoration, seulement la reconnaissance. Le respect accordé au passé est semence d'avenir. Et ainsi, le temps se courbe sur lui-même. Et le présent s'enrichit de la présence de ceux qui sont venus avant.

Lors des rituels du culte ancestral, l'éternité se fait tangible. En nommant les morts à voix haute, en récitant des mots de gratitude, en offrant de l'eau, de l'encens et de la nourriture, le pratiquant se place devant le mystère du temps. Et dans ce geste simple, il comprend qu'il n'est pas seul. Que sa vie est continuation. Que son sang porte des histoires. Que ses gestes résonnent dans les générations futures. Il devient maillon. Et le maillon, lorsqu'il est conscient, est sacré.

Cette vision offre également une manière différente de comprendre la mort. Dans le Shintoïsme, elle n'est pas rupture définitive. Elle est transition. La douleur de la perte existe, mais ne paralyse pas. Le deuil est vécu avec révérence, silence, propreté. Le corps est soigné, l'esprit est guidé. Et le souvenir est cultivé. L'autel avec le nom du défunt demeure. Les visites à la tombe deviennent des rencontres. L'esprit n'est pas appelé — il est déjà là. Et ce qui est offert, c'est la gratitude.

L'éternité des kami se manifeste aussi dans la nature. Les montagnes, les rivières, les vents, les étoiles — tout cela sont des expressions du sacré continu. La pierre ne vieillit pas. La mer ne cesse pas. Le ciel ne disparaît pas. Ils changent, mais demeurent. Et l'être humain, en reconnaissant cela, s'aligne sur un temps plus grand. Cesse de vivre seulement pour l'immédiat. Passe à respecter les cycles, à honorer ce qui est venu avant, à prendre soin de ce qui viendra après. Ce soin est une manière d'éterniser sa propre existence. Non avec des monuments, non avec la renommée, mais avec des actions.

Le Shintoïsme enseigne que bien vivre, c'est vivre de manière à ce que sa présence fasse une différence. Que son geste inspire. Que son nom éveille le respect.

Que son passage sur terre laisse une trace d'harmonie. Et quand cela arrive, la mort n'est pas fin — c'est retour. Retour au grand cycle. Retour au flux des kami. Retour au champ invisible d'où tout est venu et où tout va. C'est pourquoi les dieux ne vieillissent pas. Ils ne meurent pas. Ils se transforment, se déplacent, se retirent. Mais demeurent. Dans chaque fleur qui éclot, dans chaque rayon de soleil qui réchauffe, dans chaque brise qui touche le visage avec tendresse. Le monde est plein de kami parce que le monde est plein de vie. Et là où il y a vie vécue avec révérence, il y a éternité.

Cette perception transforme la manière de vivre. On n'agit pas seulement pour soi. On agit avec la conscience que chaque attitude résonne. Le bien pratiqué se perpétue. Le soin génère des racines. La gratitude ouvre des chemins. Et ainsi, même les gestes les plus simples — comme balayer un temple, comme entretenir un jardin, comme aider un voisin — deviennent semences d'éternité. Le temps humain est bref. Mais ce que l'on fait avec vérité demeure.

Le Shintoïsme ne promet pas la vie éternelle dans un autre monde. Il invite à construire l'éternité ici. Dans ce que l'on touche, dans ce que l'on offre, dans ce que l'on laisse. L'immortalité, sur ce chemin, n'est pas fuite de la mort. C'est continuité de la présence. Et celui qui vit avec la conscience de cette continuité vit avec plus de légèreté, plus de profondeur, plus de paix.

L'éternité des kami est aussi un appel. Un appel à vivre de manière à ce que la vie continue au-delà du corps. De manière à ce que le nom soit rappelé avec affection. De manière à ce que la présence manque. De manière à ce que l'esprit devienne lumière. Non par vanité. Mais par dévotion. Par humilité. Par désir sincère de laisser le monde meilleur qu'on ne l'a trouvé.

Cette conscience d'éternité, si présente dans le Shintoïsme, dissout la peur de la mort sans nier sa douleur. La fin d'une vie n'est pas disparition — c'est transformation. Et en acceptant cette transformation avec révérence, l'être humain apprend à accueillir aussi les petites morts du quotidien : la fin d'un cycle, la perte d'un lien, le changement d'un paysage intérieur. Tout ce qui s'en va demeure d'une certaine manière. Tout ce qui se tait résonne sur d'autres plans. Et ainsi, la vie cesse d'être une ligne qui court vers un point final pour devenir un cercle qui s'étend. Un flux qui se renouvelle.

Vivre avec cette perception change la manière d'être au monde. Les choix deviennent plus conscients, les liens plus profonds, les gestes plus significatifs. Car chaque parole peut résonner au-delà de l'instant, chaque action peut s'inscrire dans le temps. L'éternité des kami n'est pas statique — c'est une continuité vivante. C'est ce qui se maintient à travers le soin, la mémoire, l'intention. Et quand on comprend que chaque instant est semence de permanence, il n'y a plus de place pour le gaspillage de l'existence. Le présent devient sol sacré. Le maintenant devient autel.

En ce sens, l'éternité n'est pas dans l'au-delà — elle est dans l'entre-deux. Entre les générations, entre les mondes, entre un geste et un autre. Le pratiquant qui vit avec la conscience de cette présence subtile comprend que l'esprit ne finit pas avec la mort, mais se transforme en influence silencieuse, en vent qui guide, en souvenir qui console. Et ainsi, le cycle se ferme et recommence, en paix. Car la vie, lorsqu'elle est vécue avec *makoto*, n'a pas besoin de durer éternellement — il suffit qu'elle ait été entière.

Chapitre 31
Sagesse des Cycles

Dans le Shintoïsme, rien n'est fixe. Rien n'est statique. Rien ne demeure tel qu'il fut. Ce qui fleurit, un jour tombera. Ce qui commence, un jour finira. Mais la fin n'est jamais une terminaison absolue — c'est une transition. C'est un point d'inflexion dans le grand mouvement qui conduit toutes choses. L'univers ne se meut pas en ligne droite. Il respire. Il tourne. Il revient. Et dans ce retour incessant, l'être humain trouve non pas la monotonie de la répétition, mais la sagesse profonde du renouveau. Telle est la sagesse des cycles. Une sagesse qui ne s'apprend pas dans les livres, mais s'absorbe par la cohabitation avec la nature, avec le temps, avec la vie elle-même.

Les saisons de l'année sont l'expression de cette sagesse. Le printemps arrive avec sa promesse de renaissance. L'été étend tout. L'automne recueille. L'hiver fait silence. Et chaque phase, même éphémère, est pleine de sa vérité. L'erreur moderne est de vouloir se fixer dans une seule saison. De vouloir seulement la chaleur, seulement la lumière, seulement la floraison. Mais le Shintoïsme enseigne qu'il y a de la beauté dans chaque phase. Que la feuille tombée a autant de valeur que le bouton qui pointe. Que la neige qui couvre la terre n'est pas absence de vie — c'est un repos fertile. Et que le froid prépare la floraison.

Cet enseignement s'étend à la vie humaine. Il y a des temps d'expansion et des temps de recueillement. Des temps de création et des temps d'attente. Des temps de joie intense et des temps de douleur profonde. Tous font partie du même flux. La tentative de résister au cycle est ce qui génère la souffrance. La sagesse réside dans la confiance. Confiance que la douleur passera. Que la lumière reviendra. Que le cœur trouvera un nouveau rythme. Et cette confiance n'est pas passivité. C'est alignement. C'est acceptation active. C'est écoute du rythme majeur qui conduit tout.

L'enfance, la jeunesse, la maturité et la vieillesse sont les saisons de l'âme. Chacune porte son éclat. Chacune a son poids. Et le Shintoïsme invite à les honorer toutes. L'enfance avec sa pureté et sa fraîcheur. La jeunesse avec son audace. La maturité avec sa force silencieuse. La vieillesse avec sa sagesse accumulée. Aucune n'est supérieure. Aucune n'est inférieure. Toutes sont des expressions du kami en mouvement. Et celui qui vit chacune d'elles avec révérence, vit pleinement.

Cette conscience cyclique change aussi la façon de voir l'échec, la perte, l'erreur. Rien de tout cela n'est définitif. Tout peut être refait. Recommencé. Purifié. Dans le Shintoïsme, l'idée de *harae*, la purification, permet à l'être humain de se libérer du poids du passé. Il ne s'agit pas d'effacer — il s'agit de nettoyer. De lâcher. De laisser aller. L'erreur reconnue et purifiée devient semence de justesse. La douleur accueillie devient source de compassion. La perte vécue avec vérité ouvre l'espace au nouveau.

Dans les rites et les festivals, cette sagesse se manifeste avec beauté. Le *Shōgatsu*, le Nouvel An japonais, n'est pas seulement une fête — c'est un rite de renouveau. Les maisons sont nettoyées. Les amulettes de l'année précédente sont brûlées. Les premiers rayons du soleil de la nouvelle année sont salués avec silence et révérence. Tout recommence. Et ce recommencement est vécu non comme une obligation, mais comme une bénédiction. Car vivre, c'est avoir la chance d'essayer à nouveau. D'être un peu meilleur. De marcher avec plus de vérité.

Le Shintoïsme enseigne que la douleur fait aussi partie du chemin. Que la souffrance n'est pas une punition. C'est un passage. C'est une partie de l'épuration qui précède la floraison. La fleur de cerisier, symbole suprême de la beauté japonaise, est tant admirée précisément parce qu'elle dure peu. Sa beauté réside dans son éphémérité. Et il en est ainsi de tout dans la vie. L'amour. La jeunesse. La présence d'un être cher. Tout est temporaire. Mais rien n'est en vain. Ce qui a été vécu avec intensité demeure, même après son départ.

La sagesse des cycles s'exprime aussi dans la relation avec la nature. L'agriculteur qui plante sait attendre. Il ne force pas le temps. Il respecte la terre. Il sait que la graine a son rythme. Que le bourgeon a besoin de soleil et d'ombre. Que la récolte n'arrive que pour celui qui soigne avec patience. Le pratiquant du Shintoïsme apprend du champ. Apprend à faire confiance. Apprend à travailler sans attachement.

Apprend à récolter avec gratitude. Car tout ce qui vient, vient du kami. Et tout ce qui part, retourne aussi à lui.

Cette vision génère une éthique de la présence. La personne cesse de vivre en quête d'un avenir idéal. Elle se met à habiter le maintenant avec révérence. Le présent, aussi ordinaire qu'il puisse paraître, est le seul temps où le sacré se révèle. La marche vers le temple, le son de la pluie sur le toit, le thé bu en silence, le geste de balayer le sol — tout est rite. Tout est cycle. Tout est opportunité de vivre avec attention.

Le Shintoïsme n'offre pas de promesses d'éternité immuable. Il offre l'éternité des cycles. La certitude que tout revient. Que la lumière revient. Que la vie se renouvelle. Et cette certitude n'exige pas une foi aveugle. Elle exige des yeux ouverts. Un cœur présent. Un corps éveillé. Et ce sont des attributs que toute personne peut cultiver, en tout lieu, à tout moment.

Dans les phases difficiles, cette sagesse est un bouclier. Quand tout semble stagner, le pratiquant se souvient : rien ne demeure. Ce qui pèse aujourd'hui, demain se dissout. Ce qui obscurcit aujourd'hui, demain s'éclaircit. La roue tourne. La marée change. Le vent souffle. Et le kami, silencieux, accompagne. N'impose pas. Ne presse pas. Mais soutient. Et ce soutien, même invisible, est une force réelle.

Vivre les cycles avec sagesse, c'est vivre avec humilité. C'est reconnaître qu'on ne contrôle pas tout. Qu'on ne possède rien. Que tout ce qui vient est présent. Et tout ce qui part emporte avec soi une partie de ce qui a été appris. La perte n'est pas vide — c'est espace pour le nouveau. La fin n'est pas défaite — c'est invitation à la transformation. La chute des feuilles n'est pas mort — c'est préparation à une autre floraison.

Ainsi, le Shintoïsme conduit le pratiquant à une vie plus sereine. Non par absence de défis, mais par confiance dans le flux. Par présence dans les instants. Par gratitude même dans le silence. Et par une joie non bruyante, mais constante. Car celui qui vit avec la conscience des cycles apprend à danser avec la vie. À marcher avec les dieux. À se reposer dans le rythme de l'existence.

La reconnaissance des cycles comme expression du divin enseigne aussi à vivre avec plus de compassion — non seulement envers soi, mais envers les autres. Quand on comprend que chaque personne traverse ses propres saisons, il devient plus facile d'accueillir ses fragilités, ses hivers, ses pauses. La hâte cède la place à l'écoute. L'exigence se transforme en soin. Le jugement fait place à la compréhension. L'erreur de l'autre n'est plus vue comme une faute impardonnable, mais comme partie d'un chemin en formation, comme une graine qui doit encore fleurir en son temps. Personne n'est toujours été, personne n'est à l'abri des vents d'automne. Et cette conscience partagée génère des liens plus tendres, plus humains, plus vrais.

En vivant avec cette perception subtile, tout acquiert une nouvelle valeur. Les instants cessent d'être de simples marches vers quelque chose de plus grand pour devenir le lieu même de la révélation. Le quotidien devient expression sacrée. Cuisiner, marcher, prendre soin de la maison, écouter quelqu'un, pleurer, rire, se reposer — tout s'entrelace dans le fil invisible qui connecte l'humain au sacré. Le pratiquant du Shintoïsme apprend à honorer ces fils. Ne cherche pas à fuir le monde, mais à s'y plonger avec présence.

Vivre les cycles est, en ce sens, accepter de faire partie de la danse universelle. Non comme spectateur, mais comme participant. Comme feuille qui tombe, comme fleur qui naît, comme vent qui souffle et, en passant, transforme. Et c'est dans ce flux continu que l'on trouve une forme plus pleine d'exister — non celle basée sur des certitudes rigides ou des objectifs fixes, mais une existence qui se façonne avec le temps, comme l'eau qui apprend le contour de la pierre. La sagesse des cycles n'est pas une formule, c'est un vécu. Pas une doctrine, c'est une expérience ressentie. Elle invite, silencieusement, à l'écoute profonde de la vie. Et celui qui entend cet appel apprend qu'il y a de la beauté même dans la perte, du sens même dans le silence et un chemin même quand on ne voit pas de route. Car tout revient. Et dans ce retour, l'être se refait.

Chapitre 32
L'Héritage Vivant

Le Shintoïsme n'est pas un écho du passé. Il n'est pas gardé dans des vitrines, ni n'appartient seulement aux livres anciens. Il ne dort pas sous les cendres de l'histoire, ni ne repose dans des temples oubliés. Le Shintoïsme vit. Respire. Grandit. Se révèle dans le geste le plus simple, dans le silence le plus profond, dans la vie la plus quotidienne. Il n'a pas besoin de conversion, ni de dogmes, ni de discours. Il suffit d'un regard attentif, d'un cœur sincère, d'une présence éveillée. Car les kami, les dieux silencieux de la création, continuent d'être parmi nous. Ils ne se sont pas éloignés. Ils attendent simplement.

Ils attendent d'être reconnus dans l'éclat de l'eau, dans la fermeté d'une montagne, dans le murmure du vent. Ils attendent d'être salués avec respect, non avec des mots complexes, mais avec des attitudes vraies. Ils n'exigent pas des rituels parfaits — ils acceptent le geste imparfait fait avec vérité. Le Shintoïsme est cela : une spiritualité qui n'impose pas. Qui invite. Qui n'exige pas. Inspire. Qui ne parle pas fort. Mais lorsqu'elle est écoutée, transforme.

Cet héritage n'est pas la propriété exclusive du peuple japonais. Il est né au Japon, oui. Il a pris racine dans sa terre, dans sa culture, dans son mode de vie. Mais ses vérités sont universelles. Tout être humain peut vivre avec révérence. Tout cœur peut cultiver la pureté. Toute âme peut apprendre à voir le sacré dans le monde naturel. Tout foyer peut devenir autel. Chaque jour peut être vécu comme un rite. Et quand cela arrive, le Shintoïsme cesse d'être une religion étrangère — il devient chemin intérieur.

Ce chemin n'exige pas que le pratiquant abandonne d'autres croyances. Il ne concurrence pas. Ne dispute pas. Ne condamne pas. Il accueille celui qui marche avec sincérité. Celui qui désire vivre avec gratitude. Celui qui reconnaît la beauté du monde. Celui qui agit avec respect. Celui qui écoute avec attention. Le Shintoïsme n'a pas de siège central. Pas de prophète. Pas de livre de commandements. Il a des montagnes. Des rivières. Le cycle des saisons. La lumière du soleil et l'ombre des arbres. Et il a le cœur humain, où chaque geste peut être sacré.

L'héritage du Shintoïsme est l'héritage de l'harmonie. Avec le monde. Avec les autres. Avec soi-même. Bien vivre, c'est vivre en équilibre. C'est respecter les limites. C'est prendre soin de ce que l'on a. C'est remercier pour ce qui arrive. C'est accepter ce qui part. C'est honorer les ancêtres. C'est protéger ceux qui viendront. Le temps, dans le Shintoïsme, n'est pas précipitation. C'est continuité. Et celui qui comprend cela vit sans peur. Car il sait que ce qui est vrai ne se perd jamais. Se transforme seulement.

Cet enseignement se manifeste dans la manière de vivre le quotidien. Dans la façon d'entrer chez soi. De dresser la table. De saluer le jour. De se retirer le soir. Rien n'est banal. Tout est occasion de présence. Le monde, vu avec les yeux du Shintoïsme, est un temple. Et vivre dans ce monde est, en soi, une forme de prière.

Les sanctuaires, même les plus petits, continuent de recevoir des visiteurs. Les prêtres continuent de réaliser les rites. Les *miko* dansent encore. Les gens frappent encore dans leurs mains, s'inclinent encore devant les *torii*, laissent encore des offrandes, demandent encore protection, remercient encore. Et même ceux qui ne sont pas nés au Japon, qui n'ont jamais visité un temple, qui ne connaissent peut-être même pas le nom des kami, peuvent participer à ce flux. Car le sacré, lorsqu'il est vécu avec vérité, se manifeste n'importe où.

Le *kamidana*, l'autel domestique, peut être érigé dans n'importe quel foyer. Il suffit d'un espace propre. D'un geste d'intention. D'une branche de plante. D'un verre d'eau. D'un moment de silence. Et là, entre quatre murs, l'invisible s'approche. La présence des dieux ne dépend pas de la géographie. Elle dépend de la pureté. Elle dépend de la sincérité. Elle dépend de la gratitude.

Le Shintoïsme enseigne que bien vivre n'est pas accumulation. C'est connexion. Qu'avoir beaucoup n'est pas garantie de paix. Mais vivre avec respect, oui. Que le monde naturel n'est pas un obstacle — c'est un miroir. Et que la spiritualité véritable ne se proclame pas — elle se vit. En silence. Avec beauté. Avec harmonie.

Cet héritage est disponible à qui le veut. Pas besoin de titre. Pas besoin d'initiation. Il a seulement besoin de la volonté de vivre avec plus de vérité.

D'écouter le vent. De respecter le temps. De prendre soin de la vie. De garder le cœur ouvert. Et quand ce choix est fait, les kami s'approchent. Car ils reconnaissent le *magokoro* — le cœur véritable. Ils ne sont pas impressionnés par l'apparence. Mais se réjouissent de l'intégrité.

Le Shintoïsme n'est pas terminé. Il ne s'est pas affaibli. Il n'a pas disparu. Il continue simplement d'être ce qu'il a toujours été : une voie silencieuse vers le sacré. Une présence continue au quotidien. Un rappel que vivre peut être plus léger, plus beau, plus pur. Et que chaque pas, lorsqu'il est fait avec révérence, est aussi un pas fait avec les dieux.

C'est cela l'héritage. Une manière de marcher. Une façon de vivre. Une sensibilité. Un silence qui guérit. Une beauté qui n'exige pas. Une pureté qui transforme. Un chemin qui ne finit jamais. Car le Chemin des Kami recommence toujours. À chaque geste. À chaque saison. Dans chaque cœur qui choisit de vivre avec sincérité.

La vitalité du Shintoïsme ne réside pas seulement dans la préservation de ses rites ou la répétition de ses pratiques — elle pulse dans la manière dont il transforme le regard. Le pratiquant attentif commence à voir avec d'autres yeux, non parce qu'il a appris quelque chose de nouveau, mais parce qu'il a commencé à se souvenir de ce que, à un certain niveau, il a toujours su. La révérence devant la pluie, le respect silencieux pour une pierre ancienne, la gratitude pour un aliment simple — tout cela jaillit non d'une règle, mais d'une reconnaissance : le monde est habité par des présences subtiles, et tout mérite soin.

Ce changement de regard n'exige pas d'effort dramatique. Il s'insinue. Il se produit dans les plis du jour, dans le rythme du corps, dans l'écoute du temps. C'est pourquoi le Shintoïsme, même discret, laisse des marques profondes. Il ne cherche pas à occuper de l'espace, mais à générer du sens. Il ne prétend pas dominer, mais éveiller. Son héritage vit là où quelqu'un est disposé à vivre avec intention. Peu importe si c'est dans un temple entre les montagnes ou dans un appartement urbain ; si c'est parmi les arbres ancestraux ou entre des murs de béton — ce qui importe, c'est la qualité du geste. La conscience avec laquelle on vit. La noblesse de la simplicité. Et, surtout, la culture du *magokoro*, ce cœur véritable qui ne s'exhibe pas, mais s'offre. Là où ce cœur fleurit, le chemin est présent. Et c'est là que les kami s'approchent, non comme des figures lointaines, mais comme partie inséparable de la vie qui pulse.

Suivre ce chemin, c'est accepter que le sacré n'est ni loin, ni caché — il est ici, maintenant, accessible à qui veut voir. Il se révèle dans le soin silencieux des petites choses, dans le respect de ce que l'on ne comprend pas, dans la gratitude pour ce qui est simplement. L'héritage du Shintoïsme n'a pas besoin d'être porté comme un drapeau. Il se transmet dans la manière d'être au monde. C'est un héritage vivant. Et comme tout ce qui vit, il continue de bouger, de grandir, de trouver de nouveaux espaces, de nouvelles formes, de nouveaux cœurs où fleurir.

Épilogue

En arrivant à la fin de ce voyage, quelque chose en vous a changé. Peut-être imperceptible aux yeux, mais net pour l'âme. Comme la fleur de cerisier qui tombe en silence et, même ainsi, transforme le sol sur lequel elle repose — ainsi les mots, les rites, les gestes et les kami présentés ici se sont posés doucement sur votre monde intérieur. Et maintenant, tout vibre différemment.

Ce que vous avez lu n'était ni un manuel, ni un traité. Ce fut une révélation. Un appel subtil à la présence. Et plus que cela : ce fut un souvenir. Car, au fond, vous saviez déjà. Vous saviez qu'il existe quelque chose de sacré dans la manière dont la brise touche le visage, dont l'eau s'écoule entre les doigts, dans le son du silence entre les mots. Le Shintoïsme vous a simplement rendu ce savoir oublié, endormi sous des couches de précipitation, de bruit et de logique.

Vous avez appris, au fil des pages, que le sacré n'est pas séparé du quotidien. Que le divin n'habite pas seulement les temples, mais demeure dans les gestes simples, les objets purs, les instants sincères. Vous avez appris que la spiritualité n'a pas besoin de promesses, mais de pratique ; pas de foi aveugle, mais de *magokoro* — le cœur véritable.

Si vous êtes arrivé jusqu'ici, vous ne l'avez pas fait seulement en tant que lecteur. Vous êtes devenu pèlerin. Et chaque chapitre a été un pas vers une nouvelle manière d'être au monde. Vous avez franchi des portails, vénéré des dieux ancestraux, contemplé des festivals comme des célébrations de la vie et de l'impermanence. Vous avez senti que la pureté n'est pas un concept moraliste, mais un état vibratoire. Vous avez compris qu'offrir n'est pas donner, mais remercier d'avoir déjà reçu. Et, peut-être le plus important : vous avez reconnu qu'il n'y a pas de séparation entre vous et le monde. Que tout ce qui est, est ensemble.

Cette spiritualité qui pulse dans chaque rite, danse, prière ou son sacré, pulse maintenant aussi en vous. Et cela ne peut être défait.

Le Japon, avec sa révérence silencieuse et son sens esthétique imprégné de sacralité, n'est pas seulement un pays — c'est un miroir. Un reflet de ce qui se passe lorsqu'un peuple entier décide de vivre avec attention, gratitude, respect de la nature et de l'invisible. C'est un rappel vivant que la vraie prospérité ne se mesure pas seulement en chiffres ou en conquêtes, mais en harmonie avec ce qui nous transcende. Et cette harmonie commence, comme nous l'avons vu, à la maison. Sur l'autel domestique où l'eau est renouvelée avec soin. Dans le nettoyage fait non seulement pour hygiéniser, mais pour purifier. Dans l'acte de manger avec révérence. Dans le regard lancé au ciel à l'aube. Le monde entier, alors, se révèle comme un sanctuaire. Et chaque vie, comme une offrande en construction.

En internalisant les enseignements de ce livre, vous n'absorbez pas seulement une sagesse étrangère. Vous récupérez une sensibilité oubliée — une forme ancestrale de vivre en communion avec tout ce qui respire, grandit, coule et se transforme. Vous assumez un nouvel engagement : celui d'écouter le monde avec plus de délicatesse, d'agir avec plus de présence, d'exister avec plus de gratitude.

Car maintenant vous savez : Le vent ne souffle pas pour rien. La pierre n'est pas là par hasard. Le silence n'est pas vide. Et vous... ... vous êtes pont entre les mondes.

Les kami sont partout — mais ils ne crient pas. Ils attendent. Ils attendent le geste juste, la posture respectueuse, le cœur aligné. Ils vous attendent chaque matin, dans chaque acte de gentillesse, dans chaque parole dite avec vérité. Et, sachant cela, vous devenez partie active du grand champ sacré qui soutient l'univers.

Rien ne se termine ici. Au contraire : maintenant commence ce qui est essentiel.

Permettez-vous de retourner aux chapitres précédents comme on revisite un jardin : à chaque saison, il révèle de nouvelles fleurs. Il en sera de même avec ce livre. Plus vous vous transformez, plus il révélera. Car la sagesse contenue dans ces pages n'est pas linéaire — elle est cyclique, vivante, organique.

Vous pouvez fermer le livre. Mais vous ne pouvez plus fermer les yeux.

Le son de la cloche résonne encore. La brise porte encore des messages. La fleur tombe encore en silence.

Et vous, qui savez maintenant écouter l'invisible, ne marchez plus seul.

www.ingramcontent.com/pod-product-compliance
Lightning Source LLC
LaVergne TN
LVHW040050080526
838202LV00045B/3572